AF354541

Salas García, Begoña.

    Desarrollo de capacidades y valores de la persona: orientaciones para la elaboración del proyecto coeducativo / Begoña Salas García. —1ed. —Bogotá : Cooperativa Editorial Magisterio, 1995.

    138p. — (Colección Mesa Redonda; Nº 29)

    1. Proyecto Educativo Institucional I. Tit. II. Serie.

CDD 371. 207 /S15dMFN: 0029

Begoña
Salas García

Desarrollo de capacidades y valores de la persona

Orientaciones para la elaboración del proyecto coeducativo

Colección Mesa Redonda

DESARROLLO DE CAPACIDADES Y VALORES
DE LA PERSONA

Autora
© *BEGOÑA SALAS GARCÍA*

Revisión para Colombia
MARÍA TERESA ROMERO

Libro ISBN: 978-958-20-0223-7

Primera edición: 1995
Segunda edición: 2008
Reimpresión: 2018

© *COOPERATIVA EDITORIAL MAGISTERIO*
Diagonal 36 bis # 20-70 (*Parkway la Soledad)*
PBX: 3383605
Bogotá, D.C., Colombia.
www.magisterio.com.co
info@magisterio.com.co

Dirección General
ALFREDO AYARZA BASTIDAS

Dirección Editorial
ILSE PATRICIA SÁNCHEZ R.

Contenido

Introducción

Considerando la acogida que ha tenido la propuesta coeducativa de Begoña Salas entre gran número de educadoras y educadores colombianos, queremos difundir estas ideas adaptándolas a nuestra realidad educativa que en varios aspectos es similar a la de muchos otros países.

El tema que nos ocupa responde a una necesidad universal y por tanto es pertinente en cualquier sistema educativo que pretenda trascender estructuras sociales anquilosadas y perpetuadoras para buscar alternativas de vida más justas y satisfactorias para los seres humanos.

Debido a que la situación educativa colombiana en este momento es de cambio y apertura, consideramos aún más pertinente ofrecer a la comunidad educativa de cada una de nuestras instituciones, las ideas coeducativas que han sido estudiadas y experimentadas con mucho éxito en centros educativos españoles y que comienzan a germinar en nuestro país.

Esta propuesta ha sido creada con base en la investigación sobre la cotidianidad escolar y es por esto que responde directamente a la realidad socio-educativa institucional, la cual tiene una gran incidencia en los comportamientos y aprendizajes de las niñas y los niños.

Imaginemos nuestra institución educativa como un barco en alta mar que alberga a la comunidad educativa, está abatido por un oleaje de influencias de nuestra realidad y no lo podemos dejar a la deriva. Es necesario buscarle entre todas y todos un rumbo, un horizonte para poder llegar a feliz término.

La carta de navegación de nuestro barco es el Proyecto Educativo; en él se plasmarán las creencias, deseos, ambiciones, métodos de todas las pasajeras y pasajeros del barco y además dirá a dónde quisiera llegar.

Este libro ofrece una de las muchas posibilidades de ruta que hay en el gran horizonte educativo, anticipando que, al optar por ella, se tendrán muchas posibilidades de éxito pues no es una ruta improvisada sino una ruta estudiada y probada a través de varios años y que da respuesta a problemas sentidos.

Pero, antes de elegir esta ruta de navegación debemos saber en qué consiste, cómo la seguimos, para qué la seguimos, si realmente conducirá a algún puerto deseado. El contenido de este libro da respuesta a estos interrogantes.

El qué, de la ruta está compendiado en el *Modelo Educativo de persona,* entendiendo por éste las posibilidades que puede ofrecer la escuela para el desarrollo equilibrado de capacidades y valores de sus alumnas y alumnos sin distinción de sexo, raza, cultura, lo que se denomina *coeducación.*

Las investigaciones de muchas personas en el tema, y de Begoña y su equipo en particular, han demostrado que la educación potencia unas capacidades y valores en los hombres y otras y otros en la mujeres, esto como resultado de los patrones culturales que impone la sociedad androcéntrica.

El androcentrismo ha tomado al varón como centro del quehacer humano y por tanto de la cultura, de la historia, del desarrollo; dándole a la mujer una valoración inferior en donde ni su historia, ni su trabajo, han sido reconocidos como aportes fundamentales para el desarrollo de la humanidad. El estudio profundo de las desigualdades entre hombres y mujeres ha demostrado que éstas son creaciones sociales, que se han reproducido a través del tiempo condicionando el desarrollo personal y las actuaciones de unas y de otros.

A esos patrones culturales que determinan el comportamiento diferente de hombres y de mujeres, es a lo que se denomina género. El estereotipo de género condiciona nuestros comportamientos a través de la vida, según el sexo a que se pertenece.

También se ha demostrado que los patrones culturales, por ser adquiridos, son modificables, y éste es el objetivo del modelo educativo de persona: eliminar las diferencias de género para que se dé una vía más expedita al desarrollo de todas las potencialidades de nuestras alumnas y alumnos y así facilitar el aprendizaje y la capacidad de vivir plenamente. Es por ello que el modelo educativo de persona presenta como permanente referente o paradigma el análisis de género.

El *cómo* de la ruta está explicitado por la construcción colectiva del Proyecto Educativo Institucional y la continua reflexión y búsqueda de alternativas por parte de toda la comunidad educativa. Presenta también variadas y sencillas técnicas de introspección, de relación que van desde cuestionarios hasta juegos que facilitan y hacen ameno el desarrollo del proceso y permiten conducir el barco por la ruta elegida. Ellas están presentadas en los diversos anexos.

Finalmente, el *para qué* tiene varias respuestas: en primer lugar podemos decir que hace realidad la coeducación; nos puede conducir a repensar nuestros patrones culturales androcéntricos, para modificarlos por unos más justos y equitativos; también, puede conducirnos a explicitar cómo es que la institución educativa reproduce estos patrones culturales y sociales en forma tan sutil que muchas veces nos pasan inadvertidos.

Agradecemos a la Cooperativa Editorial Magisterio, por hacer posible esta publicación.

María Teresa Romero

Capítulo 1

El género: su construcción social y sus implicaciones en la educación

Antes de abordar la elaboración del Proyecto Educativo Institucional con enfoque coeducativo, es necesario hacer algunas reflexiones sobre lo que se entiende por *género*, sus implicaciones en el aprendizaje y en la educación; porque su análisis será referente permanente durante todo el proceso de elaboración, ejecución y evaluación.

El análisis de género es un paradigma marco, básico e indispensable de considerar en la elaboración de los Proyectos Educativos Institucionales, dado que nos aporta datos significativos y criterios metodológicos claves para formular con éxito modelos educativos no discriminatorios y potenciadores del desarrollo integral de las personas.

La construcción socio-cultural de género ha dicotomizado al mundo entre lo femenino y lo masculino, adscribiendo a estos géneros a cada uno de los sexos con cualidades diferentes y específicas para conseguir, de esta manera, homogeneizar a toda la población humana en dos colectivos: el masculino para todos los hombres y el femenino para todas las mujeres. Ha configurado estereotipos caracteriales diferentes en cuanto a sus capacidades, valores, actitudes, comportamientos, etc., y limitado de manera significativa su desarrollo integral como personas.

La no consideración de las implicaciones que a lo largo de la historia ha supuesto el concepto de género supone fortalecer y legitimar no sólo la discriminación sexista existente en la sociedad, sino perpetuar el desarrollo parcial de alumnas y alumnos, limitando sus posibilidades y expectativas.

En primer lugar, se debe distinguir que los roles que desempeñan las mujeres en la sociedad y que conforman lo femenino, y los roles que desempeñan los hombres y que conforman lo masculino no son inherentes al sexo biológico. Es a lo que se denomina género. Se aprende a "ser mujer" o a "ser hombre" a lo largo del proceso de socialización que comienza en la familia y se continúa en la escuela y a través de la vida. Por tanto, el género o sea la masculinidad y la feminidad son construcciones sociales y por consiguiente, son modificables.

Los géneros se configuran en el entramado social, mediante un proceso complejo. Se crea una estructura basada en valores sociales colectivos en la que se adscriben todos los seres humanos ya sean hombres o mujeres.

Los valores son construcciones sociales que crean concepciones organizadas y jerarquizadas y que inciden en los comportamientos y conductas humanas. Se diferencian de unas sociedades a otras, de unas culturas a otras y de unas épocas a otras. La investigación antropológica ha demostrado que, en diferentes culturas, las características de personalidad y las posiciones sociales de varones y mujeres presentan múltiples variaciones.

La sociedad crea pautas de conducta que son asumidas por las personas a través de complejos sistemas de valoración, señalando lo deseable y lo indeseable, creando códigos de comportamiento similares y genéricos según el sexo. Para el cumplimiento de estos patrones de comportamiento social, elabora normas que aplica a los seres humanos limitando, de este modo, el desarrollo personal e individualizado.

Las criaturas se adscriben a estos patrones sociales de comportamiento desde antes de su nacimiento. Investigaciones recientes en psicología y sociología señalan la influencia de la madre y de las expectativas sociales preestablecidas, en el proceso de gestación, en la mente del niño o de la niña.

El hecho de poder predecir en la actualidad el sexo de la criatura antes de nacer debe hacer reflexionar sobre las diferentes ideas que de manera consciente o inconsciente, tenemos cerca de los niños o de las niñas. La influencia de ellas pueden representar el primer condicionante social en la mente de la criatura, incluso antes de su nacimiento.

Más tarde, a través del proceso de socialización, se les irán configurando los roles sociales en función de su sexo de una manera más organizada y planificada. Desde que nacen la estimulación que reciben niñas y niños es diferente. Más correctamente, deberíamos referirnos a la sobreestimulación que reciben los niños y la infra-estimulación que reciben las niñas. Si observamos, las palabras, gestos, el tono de voz, los juguetes, modelos, etc. que se les dirige a los niños, les permite y fomenta ser más activos, traviesos, com-petitivos, aventureros, etc..., mientras que a las niñas, a través de los elementos socializadores anteriormente citados y dirigidos a ellas, se les fomenta la pasividad, comprensividad, dependencia, falta de iniciativa, miedo y tendencia a la autolimitación.

De la adaptación o no a estos patrones culturales de compor-tamiento, se encarga fundamentalmente la sociología.

Las personas que no se adaptan a estos códigos de com-portamiento generales y crean otros códigos personales generan conflictos y provocan respuestas desfavorables de reproche por

A los varones:	Por lo tanto...	Posibles consecuencias
Se les considera el sexo fuerte e importante y se pretende que lo sean.	Afectivamente se les atiende y conforta menos.	Afectividad insatisfecha / sufrimiento. Inhibición afectiva / frialdad, distanciamiento, desapego.
Se les presupone menos emotividad y escasas necesidades afectivas. Además no se pretende que desarrollen su esfera afectiva.	Se potencia poco o incluso se reprime su emotividad y sensibilidad. Se les protege menos.	Seguridad en sí mismo. Orgullo. Independencia.
Se les presupone más fuerza y capacidad.	Se les exige más. Se confía más en ellos. Se les da más libertad.	Iniciativa / tendencia a la acción. Predisposición a la autoexigencia.
Se espera más de ellos.	Se les estimula más hacia el éxito y la competitividad.	Capacidad para la autosuperación. Sentimientos de sobreexigencia: estrés, inseguridad.
Se cree que les acecharán menos peligros y sufrimientos pero que deberán afrontar más retos y desafíos. Se presupone que sabrán afrontar éstos eficaz y valerosamente.	Se potencia su arrojo y agresividad. Se les reprime la existencia y expresión de sentimientos como miedo, inseguridad, equivocación, tristeza.	Dificultad en autoconfortarse, en comprender y consolar. Tendencia a la terquedad / agresividad. Presunción, suficiencia. Dificultad en reconocer errores y en pedir ayuda.

A LAS MUJERES:	POR LO TANTO...	POSIBLES CONSECUENCIAS
Se les considera el sexo débil y secundario, y se pretende que lo sean.	Afectivamente se les atiende y conforta más.	Posibilidad de una buena autonomía básica.
Se les presupone más emotividad e importantes necesidades afectivas. Se pretende desarrollar su esfera afectiva.	Se potencia su sensibilidad y la expresión de afectos.	Capacidad para auto-confortarse como para comprender y consolar.
Se les presupone menos fuerza y capacidad.	Se les exige menos. No reciben presiones, exigencias ni tampoco estímulo hacia el logro, el éxito y la competitividad.	Buen margen de maniobrabilidad y error. Posibilidad de aprendizaje y desarrollo a ritmo propio. Tolerancia a la frustración.
Se espera menos de ellas.	Se confía menos en ellas.	Capacidad para la autosuperación. Capacidad para reconocer los propios errores.
Se cree que las acecharán más peligros y sufrimientos. No se espera que deban afrontar demasiados retos y desafíos.	Se tiende a sobreprotegerlas y a limitar sus libertades. Se les permiten e incluso fomentan los sentimientos de temor e inseguridad. Se reprime su intrepidez, su agresividad, fomentándose su prudencia y delicadeza.	Tendencia a la dependencia. Infravaloración / Inseguridad. Poca confianza en sí mismas. Baja autoestima. Poca motivación hacia el logro, el éxito y la competitividad. Poca tendencia a la acción y a tomar la iniciativa.

parte de las personas adaptadas y sanciones o penalizaciones de las unidades institucionales más próximas (familia, escuela, barrio...) y del entorno social en su conjunto.

El análisis histórico de los diferentes sistemas educativos desarrollados ha puesto de manifiesto la existencia de modelos educativos diferentes: el modelo masculino y el modelo femenino, construidos a partir de los estereotipos de género y asignados, según correspondiese, a los hombres o a las mujeres.

Estos modelos educativos, se definen a partir de las dos esferas jerarquizadas en que el patriarcado, ha dividido el mundo: la de lo público y la de lo privado. La primera se le ha asignado a los hombres y la segunda a las mujeres; basándose, entre otros elementos, en la división sexual del trabajo.

Capítulo **2**

Los modelos educativos

El análisis de los modelos educativos que se desarrollan en las instituciones escolares a través de los procesos de enseñanza-aprendizaje permite abordar el problema de la discriminación que, por razón de género y su asignación al sexo, se ha ido transmitiendo a lo largo de la historia en la educación.

La construcción de los *modelos educativos* responde, por un lado, a la concepción androcéntrica de las diversas perspectivas teóricas que se ocupan del fenómeno social complejo de la educación y la didáctica, y por otro, a las concepciones previas que el profesorado y los diferentes agentes educativos tienen sobre la jerarquización socio-cultural de los géneros y que transmiten a través del currículum oculto condicionando, de manera significativa, la formación integral de niñas y niños.

El desarrollo de los estudios de las mujeres y de los estudios feministas desde la universidad y los trabajos de investigación realizados en instituciones educativas ha contribuido a la elaboración de un marco teórico y crítico que facilita la revisión de las bases conceptuales vigentes sobre las que se sustenta la discriminación.

Aproximarse al problema de la discriminación existente en los procesos de enseñanza-aprendizaje dentro del sistema educativo nos conduce a reflexionar profundamente sobre qué modelos educativos se están desarrollando, a qué tipo de valores responden y la necesidad inmediata de diseñar otros modelos que permitan avanzar hacia un desarrollo integral de las personas, potenciando valores que posibiliten la superación de las discriminaciones existentes.

El análisis de género constituye el paradigma marco básico e indispensable de considerar en la elaboración de los Proyectos Educativos Institucionales; además, aporta datos significativos y criterios metodológicos claves para formular con éxito modelos educativos no discriminatorios y potenciadores del desarrollo integral de las personas.

Modelo educativo masculino

El ser humano se desempeña fundamentalmente en dos instancias o ámbitos: el público y el privado.

El público ha sido el valorado y reconocido socialmente, y jerarquizado frente al privado. Este ámbito crea categorías sociales que otorgan status y privilegios a grupos determinados; es el ámbito legitimador del devenir humano en su conjunto, en él se desarrollan los poderes: político, social, económico, científico, ideológico, religioso, etc.; en este ámbito se configuran los diferentes sistemas que facilitarán su desarrollo y permanencia.

El ámbito público históricamente ha sido ocupado por los hombres, las mujeres no han tenido mayor acceso a él. En la actualidad, las mujeres han avanzado mucho en la conquista del espacio público, pero aún así, no se puede decir que ellas lo ocupen, pues, en los puestos de responsabilidad, en aquellos lugares donde toman las decisiones y se ejerce el poder, las mujeres están infrarrepresentadas, es decir, no llegan a ocupar el treinta por ciento, cifra considerada mínima de representación significativa.

El modelo educativo propuesto para el ámbito público, partía del orden jerárquico establecido socialmente, debía preparar a los individuos que iban a ocupar sus espacios; por lo tanto, estaba diseñado para los hombres, los únicos seres legitimados para ocupar este ámbito. Necesariamente, había que definir un modelo educativo masculino que, recogiendo las características culturales asignadas por el género, preparase a los niños y formase a los hombres para ocupar todos sus espacios, adquiriendo éxito en cualquier campo en el que desarrollaran su actividad: académico, tecnológico, deportivo, económico, etc.

Era necesario, por tanto, diseñar un currículum, elaborar orientaciones didácticas - pedagógicas y desarrollar estrategias metodológicas que garantizaran la formación de estos individuos, futuros profesionales del ámbito público.

Así mismo, la estructura social organizada, la perpetuación de los sistemas de dominación y las actividades a realizar en la esfera pública, crearon una serie de funciones cuyo desempeño requería el desarrollo de determinadas capacidades en los varones, tales como: inteligencia, agresividad, competitividad, dinamismo, fuerza, seguridad; y la inhibición de otras, como: sensibilidad, ternura, amor, solidaridad.

Estas concepciones sociales y culturales configuraron el modelo educativo con las características culturales del género masculino: un ser desarrollado parcialmente con categoría universal, que sólo podría ser autónomo e independiente en el ámbito público; sin embargo, carecía de los más elementales recursos en el ámbito privado, no le permitían el desarrollo de otras capacidades como: la sensibilidad, afectividad, autonomía personal, ternura, solidaridad,... por estar asignadas a las mujeres y ser consideradas del ámbito privado; sin embargo, estas capacidades se consideran imprescindibles para un desarrollo integral de las personas.

Modelo educativo femenino

El ámbito privado, el hogar, es el espacio imprescindible para la supervivencia, pero carece de reconocimiento social; está infravalorado por el ámbito público. Carece de legitimación propia; está subordinado a lo público y su valoración depende de éste. En él se desarrolla primordialmente lo personal; allí comienzan los primeros aprendizajes y el proceso de socialización.

El desempeño de las funciones propias de este ámbito, estaba reservado exclusivamente a las mujeres.

Las capacidades que se consideraban necesarias para realizar las actividades del ámbito privado eran: emotividad, laboriosidad, afectividad, sensibilidad, ternura, intuición, entrega. Estas capacidades consideradas inherentes y de carácter "natural" en las mujeres pasaron a formar parte del mundo infravalorado y no reconocido por el ámbito público.

El modelo educativo propuesto asumía las características culturales del género femenino, es decir, preparar a las niñas para que fueran mujeres que fundamentalmente desarrollaran su actividad en el ámbito de lo privado, de manera gratuita, y complementasen al hombre en aquellas potencialidades que el sistema no le había desarrollado. A la vez, tenían que ser buenas esposas y madres para continuar la especie e inculcar los estereotipos de género que garantizaran perpetuar la jerarquización histórica.

La falta de legitimación y de reconocimiento social del ámbito de lo privado facilitó, hasta épocas muy recientes, que no se considerase éste como modelo educativo a desarrollar, sino como algo instrumental; por lo tanto, carente de estructura, contenidos, metodologías, etc.

Se suponía que las niñas nacían con una serie de potencialidades inherente a su naturaleza y, posteriormente, las mujeres las iban adiestrando en las "tareas propias de su sexo". Para el sistema educativo este ámbito, hasta épocas recientes, ha carecido de valor y se ha considerado como un adiestramiento.

El siguiente gráfico permite visualizar cómo estos modelos desarrollan parcialmente a las personas respecto a sus capacidades y valores.

Desarrollo parcial de las personas según el sexo

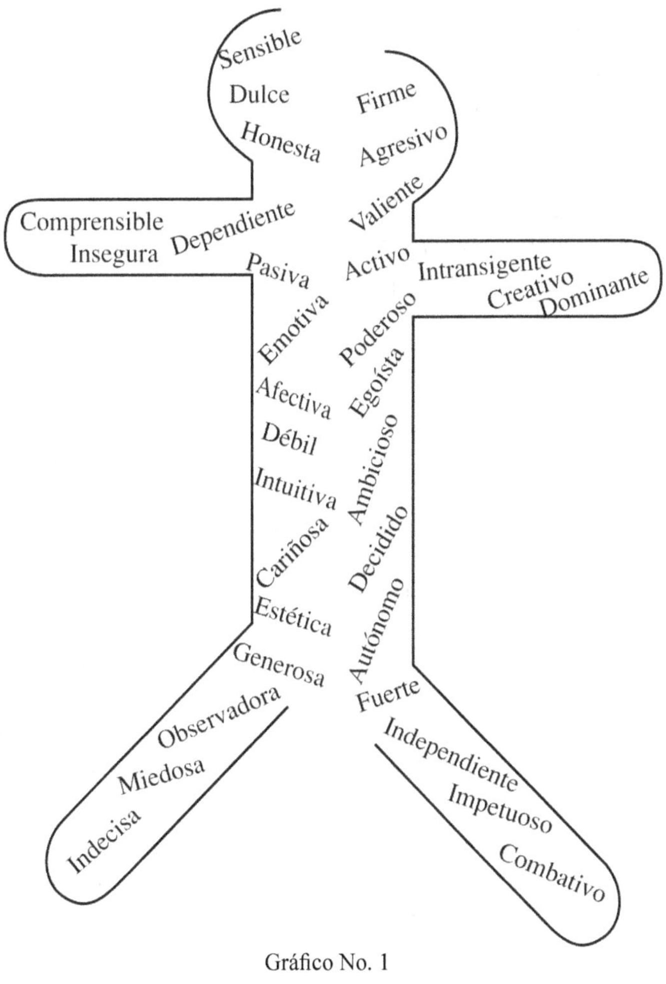

Gráfico No. 1

Modelo masculino generalizado. Femenino incorporado.

La conquista del derecho a la educación de las mujeres supuso la aceptación, por parte de ellas, del modelo educativo imperante: el masculino; se pactó, tácitamente, con el sistema patriarcal.

Acceder a la educación y al ámbito público exigió a las mujeres no abandonar aquellas funciones que socialmente se habían considerado inherentes a la naturaleza femenina o «propias de ellas» y, al mismo tiempo, asumir las nuevas responsabilidades.

No es un modelo mixto, es un modelo masculino educativo; el femenino sigue siendo sólo para las niñas; en la medida en que las mujeres siguen teniendo la responsabilidad, en exclusiva, del ámbito doméstico no existe corresponsabilidad de tareas.

Entrar en el ámbito público y en el mundo de la educación, suponía no abandonar aquellas funciones que socialmente se habían considerado inherentes a la naturaleza femenina, o «propias de las mujeres». Por lo que, de manera implícita, ellas aceptaban el modelo impuesto y se mantenían supeditadas al ámbito de lo privado o doméstico de manera gratuita y con carácter preferente, frente a su desarrollo personal y/o profesional.

Los pactos implícitos son elementos invisibles que constituyen el entramado de la estructura sexista de la sociedad. Se han ido arrastrando a través de los siglos y modificándose en función de la evolución del grupo social.

De manera inconsciente y a lo largo de la historia, las mujeres han colaborado con el sistema patriarcal, basándose sobre todo en las relaciones interpersonales generadas en el espacio doméstico y que desde el amor las llevan a perpetuar la situación de discriminación.

Esta colaboración se apoya en la creencia de que existe un intercambio de bienes reales, que reciben algo a cambio; o bien, porque les resultaba más fácil; al estar desprovistas de recursos personales, no tienen capacidad de respuesta.

Rebajada la mujer en el concepto de todos y en el suyo propio, no reclama, no puede reclamar ni aún los derechos que tiene[1]. De esta manera ejercen de mediadoras, en muchos casos, en los problemas de regulación social en la jerarquización de género.

Para analizar los pactos implícitos es necesario primero hacerlos explícitos, con el fin de poder definirlos, buscar alternativas, diseñar estrategias y utilizar métodos apropiados. Es necesario considerar que forman parte del inconsciente individual y colectivo de la humanidad, por lo tanto, parece procedente estudiar los mecanismos mediantes los que operan. El hecho de hacerlos explícitos facilita la construcción de la autoconciencia de las mujeres.

La creación de la autoconciencia de las mujeres supone analizarse desde el paradigma mujer, sin tomar como referente al hombre, en tanto que universal y legitimador. Desde este paradigma, y considerando a las mujeres un colectivo de género, se podrá desarrollar la autoridad social y cultural necesarias para conseguir la *revalorización de lo femenino*. Esto generaría autoestima en las mujeres y posibilitaría el pacto entre iguales.

En palabras de Gerda Lerner ... *hemos de poner en el centro, al menos por un tiempo, a las mujeres. Hemos de aparcar, en la medida de lo posible, el pensamiento patriarcal*[2].

Esto supondría liberarnos de la contaminación sexista que afecta a nuestras estructuras mentales y condiciona de manera significativa el desarrollo de la personalidad. Deberíamos eliminar al gran varón que tenemos en nuestras cabezas, culpable en gran medida de nuestras inseguridades por el miedo que produce cuestionar las superestructuras apoyadas, legitimadas y reforzadas desde todos los elementos del sistema patriarcal.

---

1   MARTÍN GAMERO, A. Antología del Feminismo. Alianza Editorial, Madrid: 1975.

2   LERNER, G. La creación del Patriarcado. Ed. Crítica, Madrid: 1990, p. 329

De nuevo Gerda Lerner dice que revalorizar nuestros conocimientos. *...Significa desembarazarse del gran hombre que hay en nuestra cabeza y sustituirle por nosotras mismas, por nuestras hermanas, por nuestras anónimas antepasadas.* Invita a las mujeres a *... la arrogancia intelectual, el supremo orgullo que da derecho a reordenar el mundo*[3].

Este modelo educativo se construye desde el paradigma masculino y deriva del ámbito o esfera de lo público. Se justifica desde la «ideología neutral» de la ciencia y de la educación.

La falta de revalorización social de las **capacidades** y **valores** asignados a las mujeres y de la construcción social del modelo educativo femenino a desarrollar sólo en las niñas supone no la integración de los dos modelos, para desarrollarlos tanto en niñas como en niños superando la jerarquización de género, sino la incorporación, además, para las niñas del modelo educativo femenino.

El modelo educativo masculino, generalizado para toda la población escolar, estaba basado en la conceptualización del «hombre», como representante de los seres humanos, en sentido genérico y universal, con ausencia absoluta del concepto de mujer y sin la integración en el currículum escolar de las aportaciones de las mujeres al desarrollo evolutivo de la humanidad.

Las niñas tienen que adquirir aquellas habilidades y destrezas definidas en el modelo educativo femenino, con el fin de dar buena cuenta a la sociedad de que ellas seguirán cumpliendo, en primer lugar, con esa imposición genérica de ser buenas esposas y madres, relegando su condición como personas.

Esta concepción pedagógica del modelo educativo desarrolla un currículum diseñado y definido desde la esfera pública y la construcción socio-cultural de lo masculino.

Las fuentes psicológicas, sociológicas, pedagógicas, etc. que lo legitiman, parten del estudio y análisis del hombre como único

---

3   Op, cit., p. 329

sujeto emisor y receptor del proceso educativo, único elemento susceptible de ser estudiado y centro de todas las ciencias.

En el momento actual, contamos con numerosos estudios de investigación que, basados en el análisis de género, nos han permitido descubrir el paradigma androcéntrico desde donde se construye la lógica interna de las disciplinas.

MANIFESTACIONES DEL MODELO EN LA ESCUELA

Como ya se dijo, la formación de los estereotipos de género son construcciones sociales, la institución educativa como parte de la sociedad es transmisora y perpetuadora de los estereotipos de género afianzando las discriminaciones.

En los dos modelos ya expuestos, en el se mantiene, casi intacto, el modelo masculino y se incorporan elementos del modelo femenino, sin darles mayor relevancia. Esto significa que mantiene las cargas sexistas ya expuestas, por tanto, aunque en apariencia ofrece posibilidades tanto para hombres como para mujeres, las limitaciones del desarrollo integral de la persona, mediante la educación, se mantienen.

Puede decirse que éste es el modelo que funciona actualmente en la gran mayoría de los sistemas educativos del mundo occidental; por consiguiente, será sobre él que se debe centrar el análisis de género que se pretenda realizar.

El predominio del modelo masculino se manifiesta en diferentes niveles:
* *El lenguaje utilizado: masculino genérico omnicomprensivo.*
  Este uso genera construcciones conceptuales y representaciones mentales sesgadas hacia la construcción social del género masculino y refuerza la universalidad del hombre como epicentro de la humanidad.

La incorporación del femenino en momentos puntuales con valoraciones semánticas negativas o peyorativas, estableciendo relaciones subordinadas y configurando categorías inferiores, desarrolla en las niñas sentimientos de inseguridad, inhibición, ausencia,... Por el contrario, los niños reconocerán que ellos, y por extensión todos los masculinos, constituyen lo nombrado y reconocido socialmente, con ello desarrollarán sentimientos de seguridad, autoestima, reforzamiento de su yo, etc.; en definitiva, experimentarán *la macro-identificación.*

- *La introducción de la variable género como categoría de análisis en la construcción del currículum;* observamos que la ciencia androcéntrica, aplicada a través de la psicología, pedagogía, sociología y epistemología y considerando los factores que inciden en el proceso de enseñanza-aprendizaje, ha planteado y definido un pseudo-currículum o currículum masculino. Se pretendía transmitir que éste era el currículum completo y comprensivo. Sin embargo, esto ha supuesto la configuración de esquemas mentales y más tarde estructuras conceptuales arbitrarias, generando así una visión del mundo, una capacidad crítica y una elaboración del conocimiento *sesgada y sexista.*

- *Los materiales didácticos y educativos* que reflejan fielmente el currículum masculino y potencian el desarrollo del modelo educativo generalizado; sin embargo, en las imágenes y en muchas ejemplificaciones, se potencia el modelo de feminidad estereotipado, para que las niñas y las mujeres se identifiquen con ese modelo y continúen perpetuando la situación de discriminación en función de su sexo.

- *El currículum oculto del profesorado,* que se manifiesta en las expectativas que tienen tanto de las niñas como de los niños, las actitudes diferenciadas, los modelos que transmiten, las valoraciones que hacen, el estímulo en el desarrollo de capacidades y valores diferentes según el sexo.

Se piensa que la oferta que hace la escuela es igual para los hombres y para las mujeres; sin embargo, si se hace una lectura más profunda de lo que en ella sucede se encuentra que el desarrollo de capacidades, tanto intelectuales como afectivas, está fuertemente influenciado, para mujeres y para hombres, por las vivencias cotidianas o lo que se denomina el currículum oculto, que *según Bowellws es todo aquello que la escuela enseña pero que no está explicitado en el currículum vigente*.

Algunas manifestaciones que hay que tener en cuenta al hacer el análisis son:

1. *La discriminación a través de los contenidos de la enseñanza.* Es cierto que alumnos y alumnas de una misma clase escuchan las mismas explicaciones, realizan las mismas actividades, leen los mismos libros, ¿pero se puede afirmar por ello que reciben la misma enseñanza?

    ¿Las enseñanzas transmiten lo mismo a las y a los estudiantes? Investigaciones han demostrado que el estereotipo de género marca también el aprendizaje, la imagen que se da a los alumnos de la mujer y del hombre a través de dichos contenidos contribuye poderosamente a conformar su yo social, sus pautas diferenciales de comportamiento, el modelo para ser "más mujer" o "más hombre" y les informa, además, de la diferente valoración que la sociedad hace de las personas de cada sexo.

2. *El lenguaje.* Tan cotidiana resulta nuestra lengua, que es difícil percibir su carácter sexista. Sin embargo, un rápido análisis de las estructuras gramaticales revela que continuamente estamos utilizando mecanismos de gran sutileza que provocan la ocultación de la mujer y la masculinización del pensamiento: en el castellano el género masculino prima sobre el femenino.

    Para denominar un colectivo mixto se utiliza el masculino, también se usa como genérico integrando a hombres y mujeres, y la mente va identificando al varón como el protagonista. Este tema requiere una reflexión y análisis profundos para llegar a descubrir todas las implicaciones en los esquemas conceptuales de quienes los están formando y también de quienes ya los tenemos formados.

3. *El juego.* En las escuelas mixtas, niños y niñas se sientan alrededor de las mismas mesas pero a la hora de recreo los niños juegan con los niños y se identifican con bandidos, policías, supermanes, tigres feroces, etc.; y las niñas juegan con las niñas y se identifican como cocineras, peluqueras, mamás, enfermeras, etc., y así muchos más episodios de la vida lúdica.

4. *Los libros y materiales escolares.* Son también elementos que coadyuvan a la configuración de modelos conceptuales y comportamentales sexistas y, por lo tanto, a la discriminación especialmente de la mujer. Estudios, en diferentes países y también en Colombia, demuestran que las ilustraciones de los textos contienen entre el 65 y 85% de imágenes masculinas que representan roles de alta jerarquía social, entre tanto las imágenes femeninas reproducen casi siempre papeles domésticos o secundarios.

   Se han logrado algunos avances en este campo pero aún estamos lejos de disponer de materiales didácticos sin sesgos sexistas.

5. *Las relaciones entre profesoras - profesores, alumnos -alumnas; profesoras - alumnos y viceversa y profesores -alumnas y viceversa.* Son también situaciones que reproducen patrones culturales sexistas en los que se da prelación al androcentrismo.

A los fenómenos mencionados se pueden agregar muchos otros, como la negación de la mujer en la historia y su participación en el desarrollo, en diversas organizaciones; su inferioridad de participación en la ciencia, la tecnología, etc., etc.; situaciones que deben ser objeto de reconsideración con el fin de obtener mejores logros educativos.

Modelo educativo persona

El análisis de los diferentes modelos educativos y su relación con la construcción socio-cultural del género aplicado a los seres humanos, y la visión androcéntrica que presentan los tratados de filosofía, psicología y pedagogía nos llevan a redefinir el concepto de persona, desde una perspectiva integradora y superando la construcción de género, entendiendo que éste no puede ser el condicionante fundamental del desarrollo humano.

Se plantea la abolición del género aplicado a las capacidades, valores, actitudes y comportamientos humanos. El hecho de nacer hombre o mujer no implica determinantes biológicos que condicionen el desarrollo integral como persona.

La persona, desde el punto de vista educativo, debe considerarse como una entidad global que busca un equilibrio armonioso entre la mente y el cuerpo, una relación estrecha entre lo afectivo y cognitivo y una autonomía e independencia en el ámbito privado y en el ámbito público. El gráfico No. 2 ilustra esta idea.

La definición del modelo educativo de persona implica:

*   La liberación del pensamiento occidental dual-dicotómico y jerarquizado, expresado en términos como:

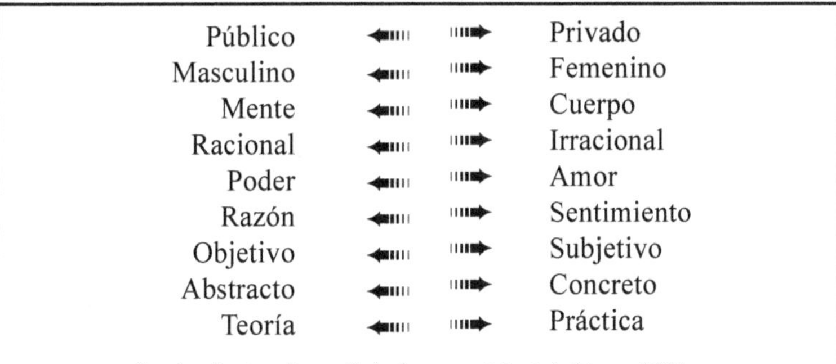

Según dicotomías señaladas por: Mari A. Lires, 1991.
Hacia una Escuela Coeducadora 1er, Postgrado de Coeducación U.P.U. Ed.
Emakunde. Vitoria: 1.992 .

Hombre
Mujer
Afectivo - Cognitivo
Mente - Cuerpo
Público - Privado
Persona

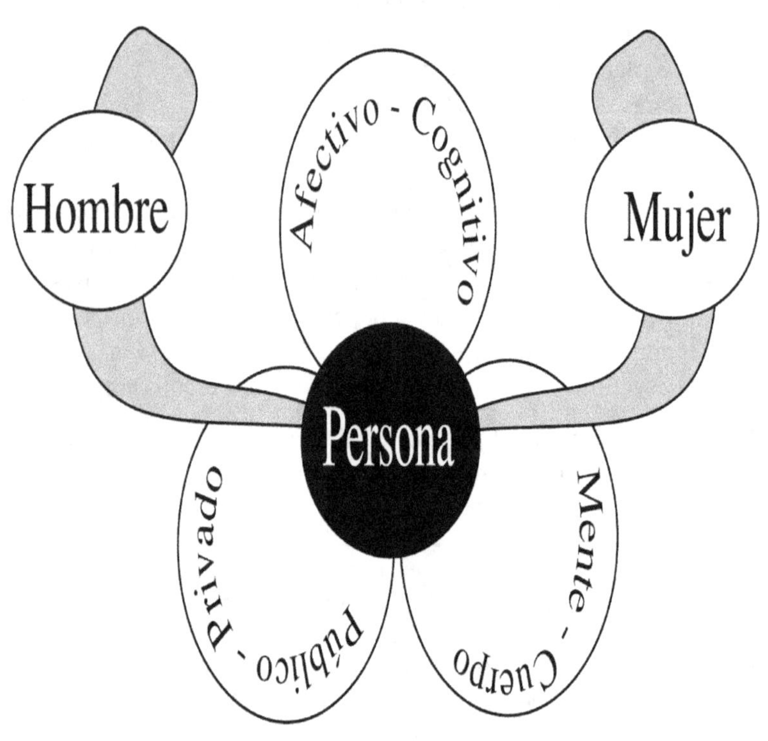

Gráfico No. 2

* La reconsideración de los ámbitos público y privado.
* La creación de un espacio común más allá del género.
* La eliminación de los prejuicios sexistas existentes en los esquemas conceptuales previos que configuran el sistema de ideas y creencias, generando espectativas diferentes según el sexo.
* La superación de los estereotipos de género y el reconocimiento de las potencialidades implícitas en cada una de las personas, independientemente del sexo al que pertenezcan.
* La descategorización de las capacidades desde el paradigma masculino legitimado por el ámbito público.
* La construcción global de la persona considerando todas sus potencialidades. Esto implica el desarrollo integral de todas sus capacidades superando la construcción social y jerárquica del género.
* Revisar la consideración de cada una de las capacidades desde la perspectiva del género.
* El estímulo de las potencialidades para su desarrollo en posibles capacidades, tanto en las niñas como en los niños.
* La construcción de valores individuales y sociales no jerarquizados, acordes con una concepción global de la persona.
* La revisión crítica de los valores imperantes en la sociedad.
* La confrontación del modelo educativo a desarrollar con los valores de la sociedad.
* La toma de decisiones en la elección del modelo educativo.
* La calidad de la enseñanza atendiendo a los resultados: formar personas con buena cualificación profesional y humana.

Todo esto significa que apostar por un modelo educativo que tenga en cuenta la concepción global de la persona, que facilite su desarrollo integral superando la jerarquización social del género y reconociendo el derecho a la educación de todos sin discriminación por razón de sexo, raza o religión, según se recoge en la actual legislación colombiana, implica la transformación de la actual escuela en una escuela coeducativa.

De los múltiples tratados sobre pedagogía y didáctica activa, uno que tiene importancia especial es: *"¿Es posible coeducar en la actual escuela mixta?"*, interrogante que desde hace años se ha planteado la autora María José Urrozola y que, a lo largo de su experiencia en el aula, analizando y reflexionando críticamente y contrastando con el concepto de otros profesionales ha ido dando respuesta.

La conclusión a que ha llegado la autora muestra que no se puede plantear la transformación inmediata de la escuela actual a la *escuela coeducativa* sin un proceso previo de transformación, en el que deben implicarse todos los agentes educativos.

De otras experiencias practicadas en otros espacios y lugares, se deduce, también, la necesidad de plantear un proceso previo de planificación escolar, que incluya medidas de acción positiva para niñas y para niños, incidiendo en aquellos aspectos que tradicionalmente no les han desarrollado por su pertenencia a un sexo o a otro y que, desde una perspectiva coeducativa, se consideran carencias importantes de subsanar en aras del desarrollo integral de la persona.

Además, la escuela coeducativa no se podrá llevar a cabo sin un proceso previo de formación, fundamentalmente del profesorado, en el que debera participar toda la comunidad educativa.

Se entiende, entonces, por *escuela coeducativa* la que a través de todas sus acciones y vivencias potencia el desarrollo integral de todas las personas que en ella intervienen, en especial del alumnado, partiendo de la reflexión colectiva de la realidad mediante el análisis de género y creando en todos y todas responsabilidades y compromisos para lograr dicho desarrollo.

Capítulo 3

Proceso a seguir en la elaboración del Modelo Educativo

El diseño del modelo educativo institucional, definido en términos de **capacidades y valores,** es el vehículo que recorre el Proyecto Educativo y curricular institucional, da coherencia a los procesos de enseñanza-aprendizaje, pone de manifiesto las intencionalidades educativas y permite abordar la educación según los planeamientos de la nueva Ley general de educación.

El objetivo fundamental en el diseño del modelo educativo será *identificar el contenido conceptual del desarrollo integral de persona desde los puntos de vista: cognitivo, afectivo y actitudinal,* y el paradigma marco, será el análisis de género, siendo éste un paradigma globalizador, que permitirá identificar los condicionantes de género en el desarrollo de la persona.

Antes de comenzar el diseño del modelo educativo es conveniente proceder al análisis de las estructuras mentales del profesorado, mediante técnicas introspectivas, con el fin de conocer las relaciones que establecen entre los conceptos y metaconceptos claves, que definirían el modelo educativo, y de poner de manifiesto el currículum oculto, a sabiendas de que éste influye de manera significativa en su práctica docente.

Por otra parte, se deberá proceder a realizar un análisis y diagnóstico del sistema educativo, a través de la legislación educativa, los materiales didácticos, la programación de aula, etc., con el fin de observar qué tipo de capacidades y valores potencia en el alumnado y si existe alguna diferencia en ello según el sexo.

Para el análisis de la concepciones mentales del profesorado, las técnicas introspectivas más utilizadas son: La elaboración de mapas conceptuales, el pensamiento circular concéntrico y la aplicación de una batería de cuestionarios; ver anexos 1, 2, 3, 4, 5, 6, 7 y 8

TÉCNICA DEL PENSAMIENTO CIRCULAR CONCÉNTRICO

Consideramos que la técnica del pensamiento circular concéntrico, dado los buenos resultados que proporciona, es un instrumento muy útil para la búsqueda de información acerca de las estructuras mentales. Por el nivel de espontaneidad que permite alcanzar, ayuda a poner de manifiesto la interiorización que cada persona tiene de los conceptos y permite analizar la conexión entre dichos conceptos, haciendo posible detectar las conexiones erróneas que se han podido producir a través de los procesos de socialización y educativos, afectando de manera significativa la generación del pensamiento y los aprendizajes.

En la construcción del pensamiento occidental influyen de manera determinante los conceptos dicotómicos y los conceptos genéricos universales; por lo tanto, esta técnica, pretende buscar información, en las estructuras mentales, para conocer la relación existente entre los conceptos dicotómicos y los genéricos universales (conceptos clave) dado que estos conceptos forman los metaconceptos de la estructura mental.

Esta técnica es aplicable a cualquier tema, en la búsqueda de información en las estructuras mentales. Facilita enormemente los aprendizajes, dado que una intervención correcta en la estructura mental ayuda a la interiorización y profundización de los conceptos, así como a corregir posibles errores en la adquisición de los conocimientos.

En el tema que nos ocupa es una técnica básica, dado que, en la perpetuación del sistema de dominación patriarcal, se han originado creencias, expectativas y prototipos culturales, que afectan básicamente a las estructuras mentales, asociando los estereotipos de género a diferencias biológicas que existen según el sexo, a través de las cuales se ha pretendido homogeneizar a toda la población humana en dos colectivos: el masculino, en el que se ha querido integrar a todos los hombres y el femenino, en el que se ha querido incluir a todas las mujeres. Esto supone que existe, a nivel cultural, una conexión generalizada para toda la población entre el concepto de sexo y el concepto de género; es frecuente oir comentar sobre aquellas personas que no reproducen los estereotipos masculinos o femeninos que son poco hombres o poco mujeres. Este hecho debe hacernos reflexionar sobre en qué medida estamos determinando ese desarrollo integral que debemos potenciar desde los ámbitos educativos.

Por otra parte, la técnica del pensamiento circular concéntrico es un instrumento muy útil y de fácil manejo para el profesorado.

Aplicación de la Técnica del Pensamiento Circular Concéntrico:

Primero.- Identificar los conceptos dicotómicos y los conceptos genéricos universales o conceptos clave según el tema, en este caso: «modelo educativo». Los conceptos genéricos universales y conceptos dicotómicos más representativos son:

Conceptos Dicotómicos	Conceptos Clave
Hombre - Mujer	Sexo
Masculino - Femenino	Género
Público - Privado	Valores
Cognitivo - Afectivo	Capacidades
Mente - Cuerpo	Persona

Gráfico No. 3

Segundo.-   Se construyen cuatro artículos concéntricos en una transparencia, se escribe un concepto, extraído tanto de los dicotómicos como de los conceptos clave, dentro del círculo interior.

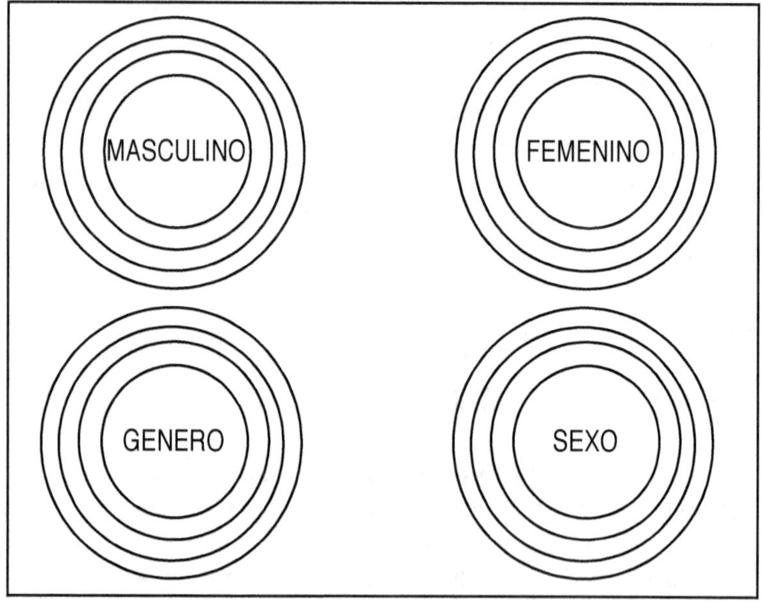

Gráfico No. 4

Tercero.- Se organizan grupos de cuatro o cinco personas.

Cuarto.-   Se informa a los grupos que van a recibir una transparencia con un concepto escrito en el círculo interior; que su trabajo consistirá en decir la primera palabra que aparezca en su cerebro al leer el concepto escrito.

Cada persona del grupo dirá una palabra y se escribirán dentro del círculo más exterior; se hará una segunda vuelta y de nuevo dirán otra palabra tomando como referente el concepto escrito y se procederá a escribirlas dentro del siguiente círculo; una tercera vuelta y todas las palabras dichas se escribirán dentro del tercer círculo.

Este ejercicio debe realizarse muy rápidamente, para facilitar su espontaneidad. El tiempo máximo de realización son tres minutos.

Quinto.-   Una vez escritas todas las palabras, el grupo deberá definir el concepto propuesto, utilizando todas las palabras que han escrito siguiendo un orden de fuera a dentro, es decir, comenzando por las palabras escritas en el círculo más extremo y continuando por los siguientes círculos.

Sexto.-   Se procederá a la puesta en común. Una persona representante de cada grupo expondrá los resultados mediante un retroproyector.

Se comenzará la exposición por los conceptos dicotómicos y a continuación los conceptos genéricos universales o conceptos clave. Es conveniente que se lean despacio y que todas las personas asistentes observen los resultados, es decir, se debe analizar el contenido semántico y las relaciones entre conceptos.

Resultados de la aplicación de la Técnica de Pensamiento Circular Concéntrico

Existe una red conceptual simétrica entre los conceptos dicotómicos de la columna de la izquierda, jerarquizando la red conceptual que se establece, también simétrica, de los conceptos dicotómicos de la columna de la derecha.

Estructura mental sexista

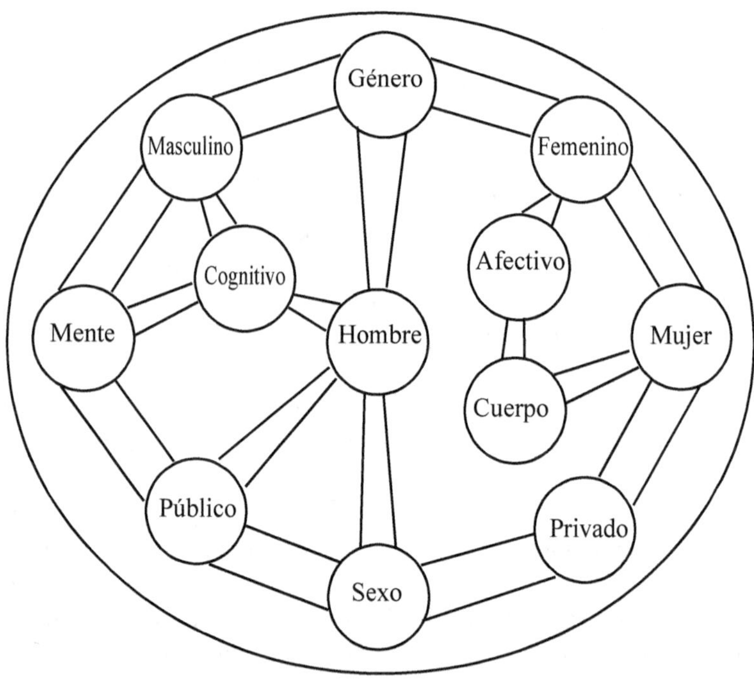

Gráfico No. 5

En muchos casos, el concepto de hombre se considera dicotómico y genérico universal que identifica al ser humano en su conjunto, es decir, es el TODO y la parte.

Existen conexiones erróneas entre conceptos i.e. (identificar sexo con género, considerar al hombre como la generalización de la humanidad, etc.).

El concepto privado es considerado como el ámbito doméstico y propio de las mujeres, mientras que este mismo concepto para los hombres es el espacio y tiempo privado en el que desarrollan su personalidad, es decir, su yo.

Los conceptos dicotómicos de la columna de la izquierda son los relevantes socialmente y por lo tanto son los que determinan el currículum escolar y todo el quehacer educativo de la institución.

Los conceptos dicotómicos de la columna de la derecha no se consideran relevantes; por lo tanto, en la actualidad sólo se ven reflejados dentro de la planificación educativa explícita, en la etapa de educación infantil; de manera implícita, se plantean dentro de la educación de las niñas. A través de las diferentes capacidades y valores que se potencian en niñas o en niños, se transmiten las distintas expectativas que se tienen en función del sexo; en definitiva, a través del currículum oculto.

A modo de ilustración, se han seleccionado algunos ejemplos de la aplicación de la técnica, realizada en sesiones de formación con el profesorado de educación infantil, primaria, secundaria y bachillerato.

Definición de Masculino.-

Animal perro y hombre varón, dotado de fuerza, concretización, tesón, decisión, seriedad, rapidez y concentración, que pretende imponer su voluntad de forma caprichosa y realizar una selección que puede generar discusión.

Gráfico No. 6

Gráfico No. 7

Definición de Femenino.-

Se refiere a las cosas que tienen relación con la mujer, niña, rosa, hembra y todas las palabras que le acompañan o determinan, refiriéndose al sexo: debilidad, maternidad, delicadez, amor...

Definición de Afectivo.-

Lo afectivo es un sentimiento deseado que requiere contacto y ternura, manifestación del amor y la amistad con un alto componente emotivo y de ayuda, de carácter agradable, cariñoso y próximo y que se da en la figura del niño.

Gráfico No. 8

Definición de Cognitivo.-

El conocimiento razonado de conceptos que integra los contenidos implicando un trabajo de análisis y de consideración de diversos conocimientos ayudando al desarrollo conceptual y de la inteligencia para conseguir una mayor sabiduría.

Gráfico No. 9

40

Definición de Privado.-

Término relacionado con el ámbito doméstico, la habitación y la propiedad. La mujer en la casa con intimidad en el baño. Una relación de pareja cerrada, manteniendo un estado de reserva y soledad.

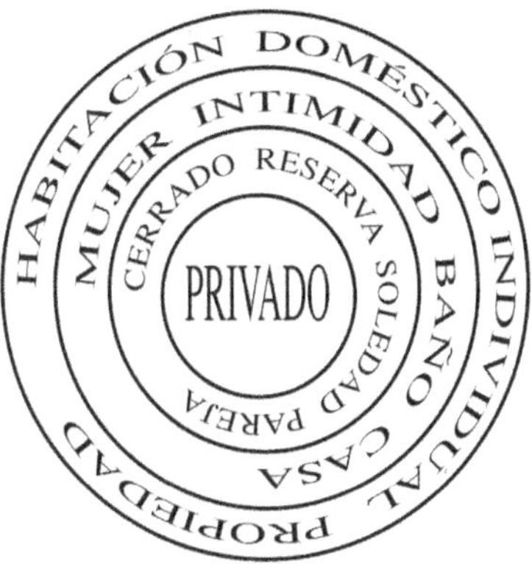

Gráfico No. 10

Gráfico No. 11

Definición de Público.-

Personas que estudian en una escuela. Gente con poder y dinero, que hace negocio en una sociedad con oradores. El teléfono de la calle, el teatro y los espectadores.

Definición de Valores.-

Es una jerarquía de normas, conductas y actitudes, que avalan a la vez que sostienen unos intereses profesionales, humanos, culturales y éticos, que utilizan capacidades y desarrollan sentimientos que se imponen desde una cultura, con una moral determinada y hacen referencia a esa misma cultura.

Gráfico No. 12

Gráfico No. 13

Definición de Género.-

Condición natural de la especie humana, diferente según el sexo: masculino y femenino, pero tiene la negatividad del machismo que ha surgido a través de la historia creando una tela de araña y marcando muchas diferencias.

Aplicación de los cuestionarios anexos (1, 2, 3, 4, 5, 6, 7, 8, 9 y 10)

Los cuestionarios se aplican individualmente en un tiempo máximo de cinco minutos cada uno. Se pretende buscar información, en el subconsciente individual, sobre la escala de valores personales, relación de valores con la esfera de lo público y la esfera de los privado; qué valores asociamos a cada una de las capacidades; qué capacidades se relacionan con el ámbito afectivo y cognitivo de la persona y, finalmente, cómo relacionamos las capacidades con las áreas curriculares.

Una vez cumplimentados todos los cuestionarios, cada persona debe proceder a realizar la tabulación de todos los cuestionarios, con el fin de obtener información completa sobre sus propias estructuras mentales y qué asociaciones y relaciones establece.

Algunos resultados obtenidos al aplicar estos cuestionarios son:

Esfera Pública

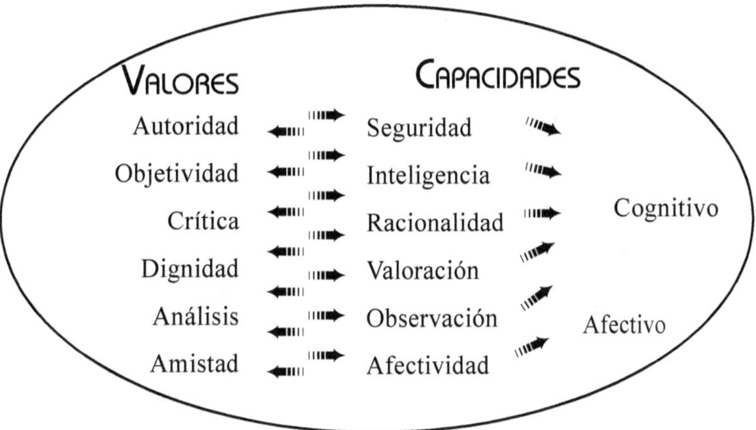

Gráfico No. 14

Esfera Privada

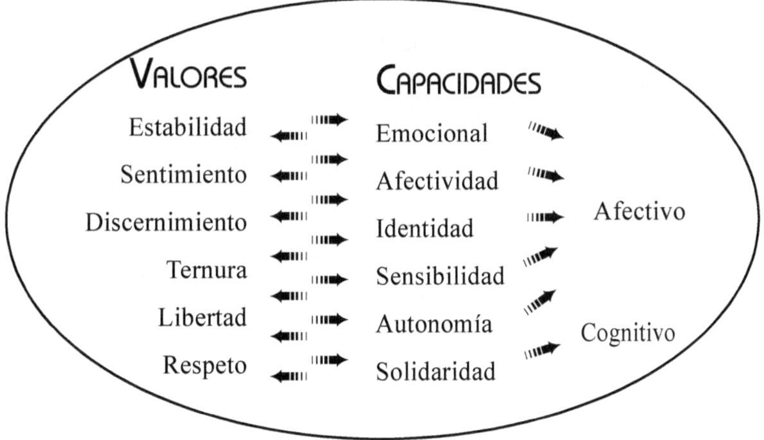

Gráfico No. 15

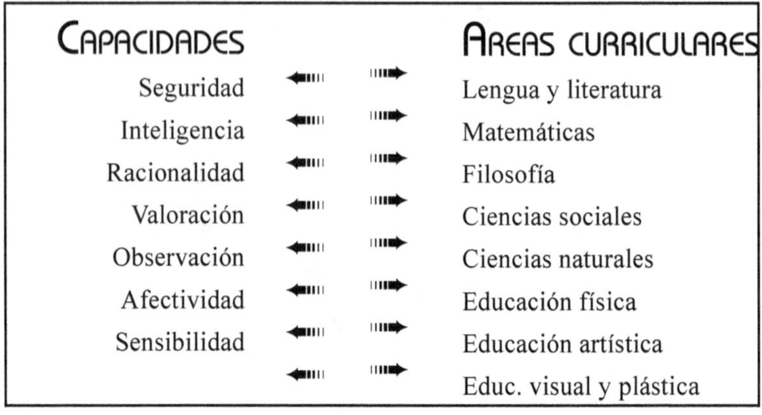

Gráfico No. 16

En los resultados obtenidos al aplicar estos cuestionarios, se observan una serie de datos comunes, que son los siguientes:

— Se considera que existe una serie de valores que son propios del ámbito de lo público y otros que lo son de lo privado. Esto supone una dicotimización de la persona en función de los ámbitos en los que se mueva.

— El currículum escolar está muy determinado por los valores y capacidades que se relacionan con el ámbito de lo público, limitando así la consideración global de la persona y, por tanto, el desarrollo integral del alumnado.

— Existe una dicotomización clara en las concepciones mentales acerca de los ámbitos en los que desarrollan los aprendizajes afectivo y cognitivo; llegando a relacionar capacidades y áreas curriculares, en función de estos ámbitos. Esta concepción incide negativamente en los procesos de enseñanza-aprendizaje, puesto que tanto el ámbito afectivo como el ámbito cognitivo están presentes e interrelacionados en el desarrollo personal. Los procesos cognitivos se producen siempre con influencia del ámbito afectivo y emocional de la persona, influyendo de manera significativa en todo tipo de aprendizajes y en cualquier etapa educativa.

— Comúnmente se relacionan o asocian ciertas áreas curriculares a ciertas capacidades, lo que supone un cierto determinismo producido por el área.

— La importancia que se le da a ciertas capacidades y su relación con las áreas que socialmente tienen más reconocimiento supone infravaloración de otras áreas y de las propias capacidades.

— La concepción parcializada de las áreas y capacidades, incide negativamente en la interdisciplinariedad y la concepción globalizada de la educación.

— La falta de consideración del ámbito afectivo repercute directamente en los aprendizajes y aumenta el fracaso escolar.

Del análisis y diagnóstico realizado se deduce la necesidad de reflexionar sobre la construcción de los modelos educativos y su evolución histórica.

Aplicación y resultados de los cuestionarios Anexos 11 y 12

Los conceptos de hombre y mujer deberían ser equivalentes y confluir en un metaconcepto de persona, en cuanto a desarrollo en capacidades, valores y atributos necesarios para su desarrollo integral; por eso, es interesante buscar de nuevo información en nuestras propias estructuras mentales con el fin de observar como relacionamos estos conceptos.

Estos cuestionarios se aplican individualmente, cada persona debe trabajarlos durante tres minutos cada uno y después intentar realizar un mapa conceptual con los cuatro primeros atributos de su jerarquía y observar si esos cuatro atributos los ha relacionado en el primer cuestionario, con el concepto de hombre, mujer o persona.

En cuanto a los resultados, es importante destacar que todas las personas que han realizado el trabajo, relacionan sin dificultad atributos diferentes a cada uno de los conceptos (hombre, mujer y persona); de los atributos del cuestionario, la mayoría los relaciona con el concepto de mujer, algunos con el de persona y muy pocos con el concepto de hombre.

La muestra que he seleccionado en la representación del mapa conceptual con sus cuatro primeros atributos nos da sobrada cuenta de los fines educativos que se pretendían con la educación de las niñas; prepararlas para el trabajo y la dedicación a las demás personas, no para su propio desarrollo personal y profesional con autonomía e identidad y el desempeño de tareas remuneradas en el ámbito público.

Ejemplo de un mapa conceptual elaborado con los cuatro primeros atributos:

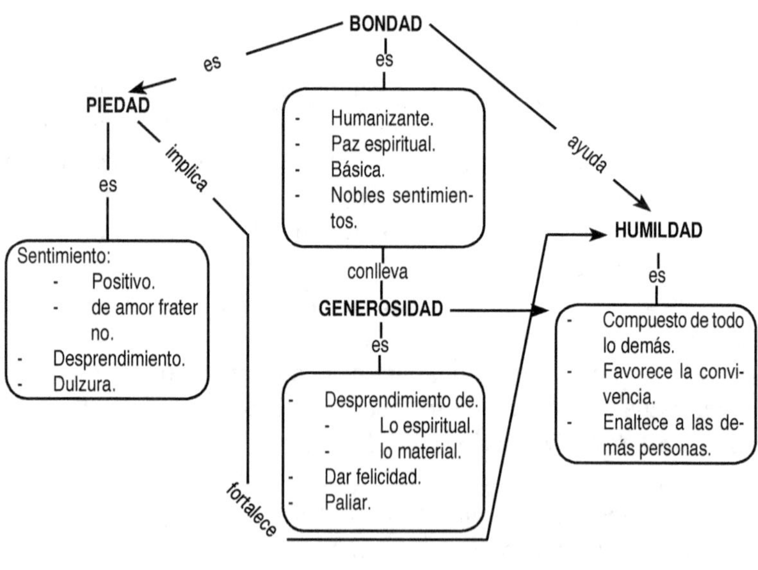

Gráfico No. 17

Jerarquización de capacidades y valores en función del género y su asignación a los sexos

El análisis de los diferentes sistemas educativos que han existido a lo largo de la historia, desde el punto de vista del género, pone de manifiesto que éstos han potenciado el desarrollo de capacidades diferentes según el sexo al que pertenecía la persona a educar: Desarrollaban en la niñas capacidades que tenían que ver, como hemos dicho anteriormente, con la esfera de lo privado, con el fin de que ellas desempeñasen aquellas funciones que la esfera de lo público o el sistema patriarcal había asignado a las mujeres, en detrimento de otras capacidades imprescindibles para desenvolverse en el mundo público, dado que éste ha sido reservado exclusivamente para los hombres.

Sería ilustrativo realizar un chequeo y diagnóstico al propio sistema educativo entendido éste en su globalidad, es decir, incluyendo la legislación, los programas educativos, los agentes, los materiales didácticos.

De los múltiples estudios realizados a diferentes colectivos de profesorado con el fin de analizar qué tipo de capacidades y valores desarrolla el sistema educativo, cuáles se autodesarrollan, y cuáles seleccionarían en el diseño de un modelo integral de persona, he seleccionado una muestra que puede aportar para la reflexión sobre los modelos educativos; a continuación me refiero a dicha muestra:

Aplicación de los cuestionarios - Anexos 10, 11 y 12

Los modelos de cuestionarios que se adjuntan, han sido utilizados en diversos cursos de formación permanente de profesorado en coeducación. Los resultados obtenidos han sido muy válidos, tanto a nivel de análisis, reflexión y debate, como de elemento motivador. Por esto, a título orientador, proponemos su utilización.

Estos cuestionarios se aplican para realizar el análisis y diagnóstico al sistema educativo sobre qué tipo de capacidades y valores desarrolla.

Los cuestionarios se respondieron en veinte minutos. Con el listado de capacidades y valores aportado, debían analizar si se desarrollaba en relación o no con el sexo, considerando como sistema educativo: la legislación educativa, los materiales didácticos, las programaciones, libros de texto, libros de lectura y la práctica docente. Y por otro lado, si estas mismas capacidades y valores se las habían auto-desarrollado; entendido por auto-desarrollo el acto por el cual la persona conscientemente decide desarrollar sus capacidades y valores.

Finalmente realizarían un diseño integral de persona, jerarquizando diez capacidades y diez valores que considerasen básicas en un mundo educativo integral.

Una vez aplicados los cuestionarios, se procedió a la tabulación. Para ello, se organizaron grupos y cada grupo tenía asignado un rol, según los agentes educativos que intervienen en la institución es decir, un grupo representaba al alumnado, otro al profesorado, otro al equipo directivo, otro a las madres y los padres y por último, otro representaba al equipo de apoyo a la institución (asesorías de grupos de profesorado, de orientación pedagógica, inspección, equipos multiprofesionales y de orientación).

Las pautas dadas para la tabulación fueron las siguientes:

1. Tabular por mayoría el diseño integral de persona que habían realizado en el último cuestionario.

2. Acordar según el rol asignado, el modelo educativo que habían obtenido por mayoría.

3. Observar si el diseño del modelo educativo que habían obtenido por mayoría y según sus propios criterios variaba en el momento de aplicar el rol asignado.

4. Una vez acordado el modelo educativo, se debe observar si el sistema educativo desarrolla esas capacidades y valores, y si lo hace de igual manera en las alumnas y los alumnos.

48

Como estrategia metodológica, es muy significativo introducir en cada uno de los grupos la variable sexo, es decir, un grupo de alumnas y otro de alumnos, uno de profesoras y otro de profesores, etc. En los grupos que experimentamos teniendo en cuenta la variable sexo, los resultados eran más esclarecedores. Además, se facilita la identificación como colectivo y ayuda a reflexionar sobre la construcción de los modelos educativos diferenciados por el género.

La metodología utilizada es de dinámica de grupos antes de comenzar el trabajo, deben acordar quiénes van a desempeñar las tareas de coordinación, moderación y secretaria/o; esta última persona debe señalar las dificultades más notables que han surgido en el grupo en el momento del consenso sobre el modelo educativo a desarrollar.

5.   **Puesta en común**. Simulación de un consejo directivo con punto único del orden del día: Diseño del modelo educativo a desarrollar en la institución y consenso.

* Tabular el modelo educativo partiendo de los diseños de cada grupo.
* Recoger las dificultades más significativas que hayan señalado los grupos en su discusión sobre el consenso y el propio proceso seguido.
* Acordar el modelo educativo resultante de los diseños de los grupos. Para llegar al acuerdo, se abre un debate a nivel de gran grupo dónde cada persona participa a nivel individual pero desde el rol elegido.
* Recoger de nuevo las dificultades más notables que hayan surgido.

Una vez realizado el trabajo en grupos, pasamos a elaborar el diseño del modelo educativo de la institución, para ello realizamos una sesión de gran grupo, simulando la realización de una reunión extraordinaria de consejo directivo, cuyo único punto del orden del día fuese la aprobación de modelo educativo de la institución.

Se procedió de la misma manera que en los grupos, elaborando el diseño por mayoría según los grupos, acordándolo según los roles e identificando las dificultades.

Resultados obtenidos de la aplicación de los cuestionarios

De la tabulación de los dos primeros cuestionarios, se obtuvieron los siguientes resultados:

En el análisis de **capacidades** que desarrolla el sistema educativo mayoritariamente opinan que:

A las **mujeres,** el sistema educativo les potencia el desarrollo de **capacidades** como:

Emocionalidad	Afectividad
Desprendimiento	Responsabilidad
Sensibilidad	

A los **hombres**, el sistema educativo potencia el desarrollo de **capacidades** como:

Fortaleza	Independencia
Autoestima	Afirmación del Yo
Autonomía	Seguridad

Indistantemente del sexo, el sistema desarrolla:

Inteligencia	Observación
Racionalidad	Expresión

En el análisis de los **valores**, el sistema educativo desarrolla en las mujeres:

Docilidad   Miedo
Dependencia   Respeto
Debilidad   Sumisión
Franqueza   Intuición
y Pasividad

En los **hombres**:

Liderazgo   Impetuosidad
Competitividad   Valentía
Dinamismo   Agresividad
Libertad   Confianza

Indistintamente del sexo:

Eficiencia   Análisis
Crítica   Subjetividad
Autocontrol   Objetividad
Competitividad   Creatividad

En el análisis de las capacidades y valores que son autodesarrollados, entendiendo por autodesarrollado, como ya señalamos anteriormente, la intencionalidad consciente de la persona de autopotenciarse específicamente el desarrollo o adquisición de valores determinados según sus propias concepciones o sus necesidades más perentorias, dentro de un contexto social e interactuando con él, las mujeres autodesarrollan aquellas capacidades que el sistema educativo no les ha potenciado y que necesitan para poder acceder al mundo de lo público; mientras que los hombres, en general, refuerzan las capacidades y valores que el sistema les ha desarrollado, porque pertenecen al mundo dónde ellos habitualmente se desenvuelven, el ámbito de los público.

Los hombres constatan, que tienen carencias para desempeñar las funciones del ámbito de lo privado, pero reconocen que no les impide conseguir ninguna de sus metas tanto profesionales como personales, porque en el aspecto personal siempre encontrarán alguna mujer que cubra sus necesidades, bien su madre, hermana, esposa, compañera, hija, etc.

Los hombres más sensibles a este tema, que junto con las mujeres se cuestionan la perpetuación del sistema de dominación de un género sobre otro y que colaboran en el desarrollo de otros modelos educativos, que abogan por el desarrollo integral de las personas, plantean que tienen que autodesarrollarse las capacidades que el sistema no les ha potenciado por considerarlas éste impropias de su sexo; sin embargo, ellos las consideran básicas para conseguir una mayor autonomía e independencia en lo personal.

Del estudio antes mencionado, el modelo de diseño integral a desarrollar dentro de persona, que hacen hombres y mujeres, es diferente.

Las capacidades y valores que mayoritariamente seleccionaron las mujeres y jerarquizaron en un modelo integral de persona fueron las siguientes:

MUJERES

CAPACIDADES

VALORES

CAPACIDADES	VALORES
1. Responsabilidad	Respeto
2. Estabilidad emocional	Autocontrol
3. Inteligencia	Creatividad
4. Independencia	Iniciativa
5. Sensibilidad	Eficiencia
6. Autoestima	Autoridad
7. Expresión	Sinceridad
8. Valoración	Crítica
9. Observación	Análisis
10. Afirmación del Yo	Valentía

Para los hombres la tabulación de sus cuestionarios sobre el diseño integral de la persona se concretó en el siguiente modelo:

HOMBRES

CAPACIDADES	VALORES
1. Autoestima	Creatividad
2. Afirmacieon del Yo	Análisis
3. Inteligencia	Iniciativa
4. Observación	Autoridad
5. Sensibilidad	Respeto
6. Independencia	Objetividad
7. Valoración	Protagonismo
8. Seguridad	Autocontrol
9. Fortaleza	Eficiencia
10. Racionalidad	Dinamismo

Si observamos las capacidades seleccionadas, tanto mujeres como hombres toman como referencia la escala de valoración social.

Los hombres consideran que las capacidades y valores que les ha desarrollado el sistema educativo, son los que habría que desarrollar en todas las personas, excepto la sensibilidad que no era precisamente una capacidad relevante en el ámbito de lo público, pero que en la actualidad está adquiriendo cierta importancia sobre todo en el mundo del diseño, del arte.

En las mujeres se observa una clara infravaloración de ciertas capacidades que se desarrollan en el ámbito de lo privado y que se han ido transmitiendo de unas mujeres a otras. Ellas apuestan igual que sus compañeros por aquellas que adquieren relevancia en la escala social masculina de valoración.

Si una mujer adopta como propios los valores definidos socialmente como femeninos, difícilmente generará las actitudes compatibles con una dedicación continuada al estudio y a la investigación. Si los rechaza tendrá que enfrentarse a un continuo conflicto entre los valores «femeninos» incorporados a su personalidad, los valores «científicos», la sanción social por la ausencia de los valores sociales exigidos y la usurpación de los valores negados. Concreto frente a abstracto; sentimiento frente a razón sensibilidad-experiencia; sumisión-dominio....

Hemos elegido una muestra representativa de todo el material recogido a lo largo de cuatro años de experiencia en formación del profesorado, aplicando la misma metodología a diferentes colectivos, con el fin de poder sacar algunas conclusiones que nos permitieran analizar las concepciones que sobre los modelos educativos y sobre el concepto de persona tiene el profesorado y los responsables de la administración educativa en diferentes niveles.

También, nos ha permitido señalar, en líneas generales, el proceso a seguir para desarrollar programas de formación en coeducación.

La valoración que hacemos de estos cuestionarios es positiva; son instrumentos válidos que facilitan la reflexión personal sobre nuestras creencias y valores personales y, en definitiva, sobre nuestra filosofía de vida y las implicaciones que nuestras concepciones tienen en la práctica educativa.

Esta reflexión personal y colectiva permite una mayor coherencia entre lo que decimos y nuestra manera de actuar, aspecto muy importante de considerar, pues el alumnado es muy crítico ante las incoherencias de las personas adultas y sobre todo de sus profesoras y profesores; en buena medida, los consideran modelos a imitar.

4.	DURÁN, Ma. A. *Liberación y Utopía.* Ed. Akal, Madrid: 1982. p. 40

Listado de dificultades de la aplicación de estos cuestionarios:

— Falta de definición de capacidad y valor.
— Diferencia entre capacidad y valor.
— Existen diferentes concepciones sobre cada una de las capacidades y valores.
— Diferente concepción sobre jerarquización y su orden.
— La aplicación del rol modifica las concepciones personales.
— Existen miedos a realizar diseños personales que vayan contra la corriente social.

La identificación de dificultades nos ayuda a definir los criterios importantes a la hora de diseñar los objetivos generales tanto del Proyecto Educativo Institucional como del Proyecto Curricular Institucional desde una perspectiva coeducativa y de adaptar y contextualizar estos dos documentos.

Definición de criterios partiendo de las dificultades

La definición de criterios para la elaboración del modelo educativo de la institución, partiendo de la identificación de dificultades, ayuda a la contextualización del Proyecto Educativo Institucional. Según las dificultades señaladas podríamos destacar los siguientes:

— Buscar información sobre los conceptos de capacidad y valor.
— Revisar los conceptos de cada una de las capacidades y valores.
— Revisar los criterios de jerarquización.
— Revisar la coherencia personal en nuestra práctica profesional.
— Revisar los **valores** colectivos sociales en alza.
— Replantear el ámbito público y el ámbito privado.

—   Analizar el concepto de persona desde la perspectiva de género.

—   Considerar a la persona y su desarrollo integral en el diseño del modelo educativo.

Conclusiones del trabajo:

La reflexión personal y colectiva sobre el desarrollo de capacidades y adquisición de valores:

—   Mejora los aprendizajes.

—   Facilita el tratamiento a la diversidad, pues a todo el alumnado se le permite, el desarrollo de sus capacidades.

—   Posibilita la transformación de los objetivos conceptuales en desarrollo de capacidades.

—   Permite una adaptación real, de las programaciones a las características del alumnado.

—   Facilita la participación del alumnado en su propio proceso formativo.

—   A partir de este proceso se da una verdadera interdisciplinariedad y globalización.

—   Facilita la reflexión y el debate sobre los criterios educativos.

—   Plantea la necesidad de formación para comenzar los diseños curriculares partiendo de las capacidades y valores.

CAPÍTULO 4

DISEÑO DE UN MODELO EDUCATIVO EN TÉRMINOS DE CAPACIDADES Y VALORES NUCLEARES

Esta propuesta de modelo educativo, desde la óptica de un desarrollo integral, debe incluirse dentro de un modelo de pensamiento filósofico y pedagógico más amplio, que cuestione las actuales estructuras sociales y que rige en torno al concepto de Persona, potenciando su identidad y autonomía.

La sociedad define unos valores dominantes que son recogidos por el Estado, quien a su vez estructura y los transmite a las personas a través de la superestructura: económica, política, social, ideológica, religiosa, la familia...; de los sistemas: económico, político, educativo,... En este caso, y dado el tema que tratamos, obviaremos los demás sistemas y nos centraremos en el educativo, en los subsistemas y en los modelos que transmiten a través de los medios de comunicación social.

El sistema educativo, igual que el conjunto de la sociedad, potencia el desarrollo de valores colectivos que impone mediante diferentes mecanismos, en detrimento del desarrollo de valores personales que faciliten el desarrollo de las personas, haciéndolas responsables de su propia existencia y de la construcción de una humanidad más justa e igualitaria.

De esta manera, los valores son aceptados por las personas o impuestos en función del colectivo al que se pertenezca (social, político, religioso,...) pero no son desarrollados por cada una de las personas; esto explica que la mayoría de los seres humanos manifiesten conductas incoherentes y respondan de manera diferente, según el ámbito social en el que se muevan o las personas con las que se relacionen, es decir, contestando a las expectativas de otras gentes o colectivos.

Cuando los valores son adquiridos a través del desarrollo coherente y permanente de actitudes, éstos se reestructuran con la personalidad y se pueden transformar en capacidades propias. La persona se va capacitando para ser solidaria, responsable, autónoma, independiente, sensible.

Las actitudes no pueden ser aprendidas, sino desarrolladas, procesadas en la estructura personal. Se podrían definir como un subsistema organizado dentro de la personalidad que se ha ido configurando a lo largo de la vida y que nos predispone a pensar, sentir, actuar y comportarnos de forma previsible, coherente y estable.

Las conductas son la respuesta a un proceso personal, determinado significativamente por los valores adquiridos o predisposiciones, tendencias personales de comportamiento, coherentes con la escala de valores personales.

Los valores determinan el desarrollo de las capacidades, los comportamientos, las conductas y las actitudes.

La construcción de un modelo integral de persona, en términos de capacidades y valores, requiere una revisión crítica de los valores y su influencia en el desarrollo de capacidades. Con el fin de poder definir un modelo educativo generado en común

58

por toda la comunidad educativa y que considere la educación de manera global.

Teniendo en cuenta la importancia de la participación de todos los agentes educativos de una institución en el diseño del modelo educativo a desarrollar, es necesario plantear procesos sencillos, concretos y fácilmente evaluables. Para ello, es necesario agrupar las capacidades y valores por afinidad y proceder a la elección de aquellas capacidades nucleares, básicas, que a su vez tengan otras complementarias, sobre las que se trabajaría en profundidad de manera que al incidir en las capacidades nucleares se potenciase el desarrollo de otras capacidades complementarias.

Propongo el siguiente modelo educativo de persona definido en términos de capacidades y valores nucleares, que ha sido elaborado a partir de la experiencia de formación a diferentes grupos de profesoras/es y de personas responsables de educación y teniendo en cuenta, la participación del alumnado en su propio proceso de formación y los bloques de capacidades considerados en el diseño curricular base.

Los criterios que se han tenido en cuenta para la elección de estas capacidades y valores nucleares han sido los siguientes:

— Los bloques de capacidades que considera el diseño curricular base: afectivas, cognitivas, motrices, de relación interpersonal, de equilibrio y autonomía y de inserción social.
— La participación del alumnado en su propio proceso de desarrollo personal.
— El tratamiento a la diversidad del alumnado, considerando los tres ejes fundamentales de la diversidad: Análisis de género, necesidades educativas especiales e interculturalismo.
— La orientación, entendiendo ésta como el desarrollo de capacidades básicas en el alumnado de manera que puedan auto-orientarse en la vida a nivel personal, profesional y académico.

El modelo educativo definido en términos de capacidades y valores nucleares, constituye el marco básico, acordado por todos

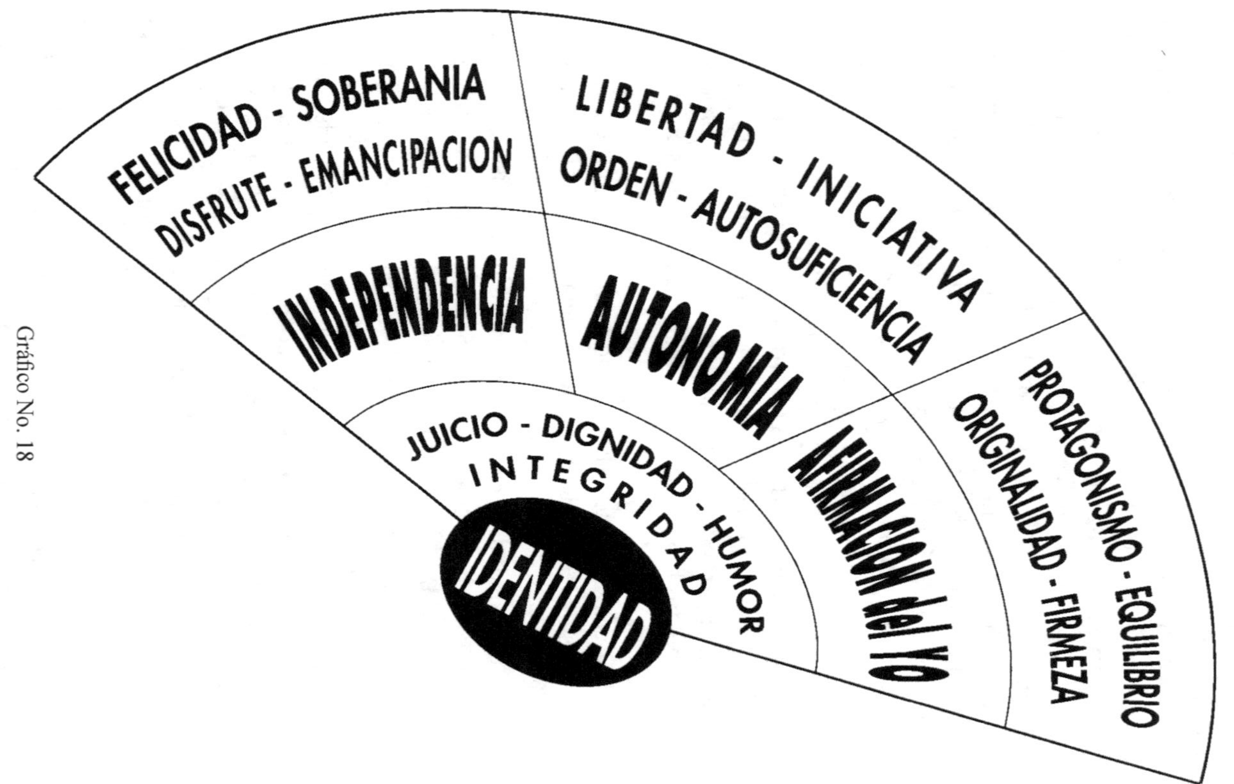

Gráfico No. 18

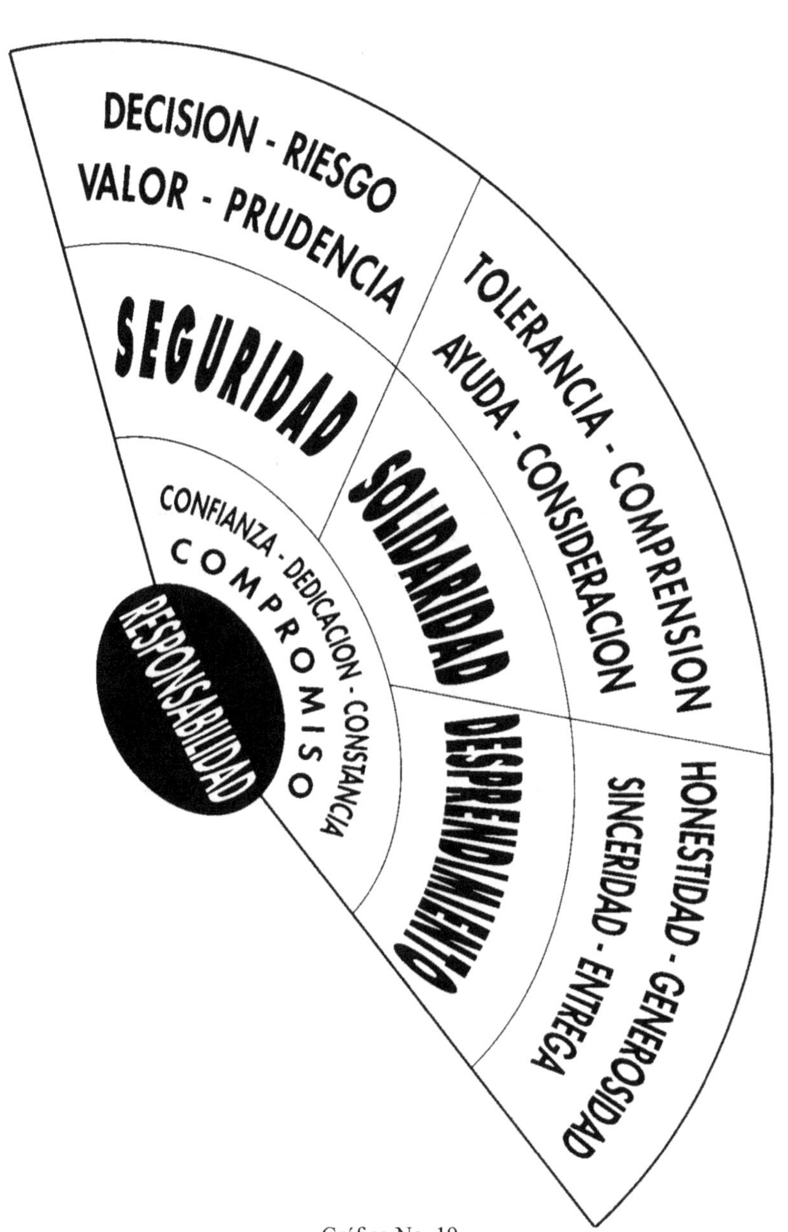

Gráfico No. 19

Capacidades Nucleares	Capacidades Complementarias
Emocional	Afectividad, Sensibilidad, Sexual.
Identidad	Idependencia, Autonomía, Autoestima.
Responsabilidad	Desprendimiento, Afirmación del yo.
Valoración	Solidaridad, Seguridad.
Inteligencia	Observación, Racionalidad.
Expresión	Vitalidad, Fortaleza.

Asociación de Valores a Capacidades

Capacidades	Valores
Emocional	Estabilidad, Placer, Sentimiento, Pasión.
Afectividad	Amistad, Simpatía, Satisfación, Cariño.
Sensibilidad	Respeto, Intuición, Delicadeza, Discreción.
Sexual	Amor, Ternura, Deseo, Belleza.
Identidad	Dignidad, Integridad, Humor, Juicio.
Independencia	Soberanía, Felicidad, Disfrute, Emancipación

Autonomía	Autosuficiencia, Iniciativa, Libertad, Orden.
Autoestima	Autovaloración, Autoridad, Singularidad, Bondad.
Responsabilidad	Compromiso, Constancia, Dedicación, Confianza.
Desprendimiento	Honestidad, Generosidad, Entrega, Sinceridad.
Afirmación del Yo	Protagonismo, Originalidad, Firmeza, Equilibrio.
Valoración	Análisis, Discernimiento, Sentido Común, Crítica.
Solidaridad	Tolerancia, Comprensión, Ayuda, Consideración.
Seguridad	Decisión, Riesgo, Valor, Prudencia.
Inteligencia	Sabiduría, Creatividad, Eficiencia, Flexibilidad.
Observación	Curiosidad, Auto-observación, Subjetividad, Objetividad.
Racionalidad	Justicia, Crítica, Síntesis Abstracción
Expresión	Comunicación, Corporeidad, Introversión Extroversión.
Vitalidad	Actividad, Habilidad, Dinamismo, Espontaneidad.
Fortaleza	Voluntad, Serenidad, Ambición, Fuerza.

los agentes educativo, a partir del cuál se procederá a la elaboración de los proyectos educativos y curriculares de las instituciones.

El diseño del modelo educativo da coherencia al proceso a seguir en la elaboración de estos dos documentos básicos. Proporciona el hilo conductor que relaciona el proyecto educativo con el proyecto curricular y permite dar una respuesta global y coherente a las necesidades educativas y sociales que tienen planteadas hoy las instituciones escolares.

Gráfico No. 20

Definición del modelo educativo

Una vez diseñado el modelo educativo se debe proceder a su definición, en la que intervendrán de nuevo todos los agentes educativos, con el fin de facilitar la reflexión y poner de manifiesto las ideas y creencias de cada una de las personas responsables de la educación. Posteriormente se llegará a un acuerdo en la definición de cada una de las capacidades y valores nucleares.

Para la realización de estas definiciones se deben utilizar técnicas de dinámica de grupos que ayuden en la explicitación rápida y espontánea de nuestras ideas y creencias. Técnicas recomendables pueden ser: lluvia o torbellino de ideas, la técnica de pensamiento circular concéntrico, etc.. Se realizará la definición de cada una de las capacidades, primero por grupos según la estructura organizativa de las instituciones, por ciclos, seminarios, etc., una comisión intergrupos refundirá las definiciones aportadas por los grupos y presentará la definición definitiva para su aprobación por la dirección o rectorado y el profesorado del establecimiento.

Las madres y padres lo realizarán de la manera en que habitualmente procedan, pero sabiendo que es muy importante la participación del mayor número posible de personas, dado que esto les facilitará una mayor responsabilidad en los procesos educativos de sus hijas e hijos.

Una vez definidas cada una de las capacidades y valores del modelo educativo, una comisión integrada por profesoras/es de la institución que tengan formación en cada uno de los programas educativos: coeducación, educación para la salud, educación especial; intentarán integrar en cada una de las definiciones, la filosofía básica de cada uno de estos temas.

Por ejemplo: en un centro educativo, llegan a definir la capacidad de IDENTIDAD por acuerdo de la siguiente manera:

La capacidad de cada alumno y alumna de situarse con integridad, dignidad, equilibrio y coherencia en su propio medio, físico, social, afectivo, cognitivo y actitudinal, desarrollando esta capacidad, a través del autoconocimiento de su propio yo, tomando decisiones con independencia y autonomía, aceptando sus propias posibilidades y limitaciones, diferenciándose de las demás personas con una linea de actuaciones, pensamientos y sentimientos sin contradicciones.

La educación deberá potenciar el desarrollo de la identidad personal a través de las prácticas escolares, para que alumnas y alumnos desarrollen una imagen positiva de su persona, reconociendo las diferentes biológicas o caracteriales como fuentes de enriquecimiento personal y social, ayudándoles a desenvolverse tanto en el ámbito público como en el ámbito privado con independencia y autonomía. Esto implicará la integración en el currículum escolar, en los tres tipos de contenidos (actitudinal, procedimental y conceptual), de todos los aspectos del ámbito privado y doméstico.

Así como capacitar al alumnado de ambos sexos para cuidar de sí mismos en el desarrollo físico y mental de su persona de una manera saludable, siendo consumidoras y consumidores críticos y responsables colaborando al equilibrio ecológico y medioambiental.

El desarrollo de la identidad personal, partiendo de la auto valoración, les permitirá respetar la diversidad política, étnica, cultural, religiosa, social, etc. y contribuirá a la transformación de esta sociedad, en otra más justa e igualitaria, basada en el respeto a los derechos humanos.

La definición del modelo educativo partiendo de las capacidades y valores nucleares a desarrollar e integrando la filosofía de cada uno de los programas educativos, tratamiento a la diversidad y orientación, nos aporta el marco educativo, a partir del cual comenzaremos la elaboración de cada uno de los elementos del proyecto educativo y curricular de la institución, ofreciendo de esta manera procesos de enseñanza- aprendizaje globales, coherentes, contextualizados y coordinados, por parte de todos los agentes educativos y fundamentales del profesorado.

En la actualidad el tratamiento que se está dando a los programas educativos, a la diversidad y a la orientación, es un tratamiento puntual, accidental y dependiendo de la sensibilidad del profesorado, con el consecuente perjuicio que ello supone, a sabiendas de las implicaciones educativas que tienen estos temas en el desarrollo integral de alumnas y alumnos.

CAPÍTULO 5

PLAN DE ACCIÓN PARA CONTINUAR LA ELABORACIÓN DEL PROYECTO EDUCATIVO INSTITUCIONAL

Una vez definido y adoptado el modelo educativo se continúa el proceso de elaboración del Proyecto Educativo Institucional. Para esto, es necesario definir previamente las acciones a seguir que incluyen los momentos y los aspectos más relevantes de reflexión conjunta. Para ello se proponen los siguientes pasos:

ANÁLISIS DE CONTEXTO

La definición del marco educativo partiendo del modelo de persona a desarrollar nos aportará criterios necesarios e imprescindibles en la búsqueda de información relevante que nos permita tomar decisiones de organización escolar, pedagógicas y didácticas que faciliten los procesos de enseñanza- aprendizaje en pro de la finalidad educativa: el desarrollo integral del alumnado.

Diagnóstico interno de la institución

Adecuación de la institución a los principios legales no discriminatorios. La institución no podrá tomar ninguna decisión de tipo organizativo, pedagógico o didáctico que implique discriminación por razón de sexo.

Tendrá que partir del diagnósitico y análisis de los sesgos sexistas en:

— Estudio de documentos. Lenguaje utilizado.
— Uso del lenguaje.
— Proceso de socialización del alumnado.
— Materiales didácticos.
— Modelos educativos.
— Estructura organizativa.
— Reparto de responsabilidades.
— Distribución del tiempo y el espacio.
— Órganos de gestión.
— Distribución del profesorado por niveles educativos y/o materias.
— Reglamento de organización y funcionamiento.
— Actitudes del profesorado entre sí.
— Currículum oculto del profesorado.
— Actitudes del profesorado hacia el alumnado y viceversa.
— Actitudes entre el alumnado.
— Orientación y promoción profesional.
— Actividades extraescolares.
— Asociación de madres y padres.
— Recursos económicos.
— Personal no docente.

INDICADORES DE LA ESTRUCTURA Y FUNCIONAMIENTO DE LA INSTITUCIÓN EDUCATIVA

1. Institución

- Nombre.
- Nivel (es).
- Ubicación (ciudad, ámbito rural, centro - barrio.
- Lengua (as).
- Estructura física.
  - Aulas.
  - Laboratorios.
  - Seminarios / Departamentos.
  - Biblioteca.
  - Espacios exteriores.
  - Instalaciones deportivas.
- Relación con el entorno.
- Relación con otras instituciones educativas,
- Relación institución - Administración educativa.
- Origen (femenino - masculino).
- Imagen externa .
- Regulación de la convivencia.
- Relación profesorado - alumno.
- Otras características destacables.

2) El alumnado

- Número.
- Sexo.
- Rendimiento académico.
- Promoción.
- Modalidades académica industrial, pedagógica, otras.
- Colaboración en las tareas domésticas de la institución.
- Delegadas/os de curso.

- Representantes del gobierno escolar.
- Agrupamiento en aulas.
- Nivel de sensibilización.
- Integración del alumnado por sexo.
- Relación con el profesorado.
- Asociaciones.
- Participación en el aula.
- Participación en las actividades extraescolares.
- Clubes.

3) El profesorado

- Número.
- Sexo.
- Distribución ciclos - materias.
- Responsabilidades.
- Equipo directivo.
- Representantes del gobierno escolar.
- Relación alumnado - espectativas. Lenguaje.
- Conocimiento de lo que significa educar.
- Implicación en la institución.
- Actividad docente y extraescolar.
- Participación en innovaciones.
- Participación programas educativos.
- Coherencia.

4) El equipo directivo

- Número.
- Sexo.
- Provisionales/ elegidas/os.
- Estilo directivo.
- Dirección y coordinación de todas las actividades.
- Delegación de funciones.
- Reparto de responsabilidades.

- Carácter compartido y colegiado.
- Roles.
- Relación estamentos - Comunidad educativa
- Nivel de sensibilización,
- Evaluación del trabajo.

5) Dinámica y funcionamiento de la institución y consejo directivo

6) Tradición pedagógica de la institución.

- Proyectos / Planes / Programaciones anteriores y actuales.
- ¿Qué han aportado? ¿Se han evaluado?

7) Asociación de madres - padres

- Número.
- Sexo.
- Nivel socioeconómico profesional.
- Responsabilidades.
- Presidencia.
- Junta directiva.
- Representantes del gobierno escolar.
- Nivel.
- Colaboración.
- Económica.
- Personal.
- Relaciones.
- Equipo directivo.
- Alumnado.
- Profesorado.
- Personal no docente.

8)   Personal no docente

- •   Número.
- •   Sexo.
- •   Ocupaciones estereotipadas o no.
- •   Sensibilización.
- •   Implicación en la vida institucional.
- •   Relaciones con el resto de la comunidad educativa.

De acuerdo con la realidad institucional se elabora un cuadro para el análisis financiero.

NOTA: La pauta de evaluación que se aplica para la aprobación de estudios puede brindar otros elementos para el análisis de organización y funcionamiento institucional.

SITUACIÓN SOCIOECONÓMICA Y CULTURAL DE LA ZONA

La institución educativa tendrá que analizar también de los sesgos sexistas en:

— Zona rural o urbana.
— Tipo de vivienda.
— Estructura del ámbito familiar.
— Distribución del tiempo y el espacio.
— Corresponsabilidad de tareas.
— Lengua y lenguaje utilizado.
— Ambitos de trabajo de madres y/o padres.
— Quién o quiénes asumen la responsabilidad de la educación.
— Formación académica y cultural de madres y/o padres.
— Infraestructura de servicios sociales.
— Actividades deportivas, culturales, recreativas.
— Movimientos culturales, religiosos, asociativos.

Conclusiones

En el proceso de desarrollo del trabajo (contenidos trabajados, debates, estrategias utilizadas), y a partir de la información relevante, se deberán extraer conclusiones finales que aporten pautas y criterios para la definición de los principios, objetivos, intenciones y proceso de trabajo que permitan abordar el proyecto coeducativo y proyecto curricular de la institución.

Fines coeducativos

Los fines coeducativos de la institución educativa se elaborarán a partir del diseño del modelo educativo realizado, tomando como referente el marco de cada una de las capacidades y las implicaciones educativas derivadas del análisis del contexto.

Para que la definición de los fines educativos de una institución no quede como una mera declaración de intenciones educativas, hecho bastante frecuente en la mayoría, en las que se encuentra que estos fines, no guardan ninguna relación con los procesos de enseñanza-aprendizaje desarrollados, es conveniente comenzar por una reflexión conjunta de todos los agentes educativos de la institución educativa , sobre qué tipo de personas queremos potenciar.

Este planteamiento educativo, deja claramente justificado la necesidad de diseñar procesos que faciliten la reflexión conjunta sobre los modelos educativos a desarrollar, esto supondría no sólo la contextualización del proyecto, sino la implicación directa de las personas responsables de la educación del alumnado. Y por otra parte, ayudaría a la comprensión clara del por qué de cada uno de los fines y principios señalados, y posibilitaría el desarrollo de toda la actividad docente de una manera coherente, responsable, adaptada, equilibrada y no discriminatoria en ninguno de los aspectos en los que es posible se manifieste la discriminación: origen social, sexo, etnia, diferentes capacidades del alumnado, etc.

Los aspectos a los que harán referencia los fines o principios coeducativos serán:

— Definición del tipo de institución educativa: segregado, mixto, coeducativo, confesional, aconfesional, laico...
— Justificación del tipo de valores a desarrollar.
— Imbricación social y relaciones con el entorno.
— Asunción de la coeducación y de todas las implicaciones que conlleva, es decir, como paradigma marco que nos permite revisar la educación en su conjunto, desde el análisis de género y nos permite diseñar modelos educativos integradores, comprensivos, compensatorios, con respeto a la diferencia y que propicien el desarrollo global de las personas independientemente del sexo al que pertenezcan.
— Definición del desarrollo integral de la persona desde el punto de vista afectivo, cognitivo y actitudinal.
— Modelos de enseñanza-aprendizaje, adecuación de las teorías pedagógicas a la práctica docente, metodología individualizada, activa y participativa.
— Sistemas de relación, organización y gestión.
— Medios de comunicación de masas y nuevas tecnologías.

Objetivos Generales

La definición de objetivos generales de la institución educativa tomará como referencia los fines educativos y especialmente el diseño del modelo educativo a desarrollar. El éxito o el fracaso de las metas educativas que se propone alcanzar la institución a través de sus fines, está en gran parte determinado por saber definir y elaborar los objetivos generales de una manera clara, de tal forma que sean de posible realización interpretables y comprensibles por toda la comunidad educativa, concretos y evaluables.

Los objetivos deberán emanar de los fines educativos, puesto que su función es plasmar de una manera realista y realizable las metas educativas que se plantean en los fines; para ello, los objetivos recogerán cada uno de los fines educativos señalados , con el fin de arbitrar las estrategias necesarias que nos lleven a su consecución, dicho de otra manera, que sea posible vincularlos a la práctica docente.

A continuación señalamos objetivos básicos a considerar en la elaboración de un proyecto coeducativo de la institución.

- *Desarrollar* destrezas anlíticas y evaluativas que permitan al profesorado eliminar los sesgos sexistas que se producen en el proceso de enseñanza-aprendizaje.
- *Conocer* las implicaciones pedagógicas y de desarrollo personal que tienen los estereotipos de género, adquiridos a través del proceso de socialización.
- *Elaborar y experimentar* instrumentos de análisis que sirvan para poner de manifiesto los prejuicios sexistas existentes en los esquemas conceptuales previos, tanto del alumnado como del profesorado.
- *Observar* cómo inciden los prejuicios sexistas en el desarrollo de CAPACIDADES y en la adquisición de valores personales.
- *Revisar* el currículum desde la perspectiva de género para eliminar su óptica andocéntrica.
- *Definir* criterios metodológicos coeducativos.
- *Caracterizar* las actividades del alumnado de manera no discriminatoria en función del sexo.
- *Realizar* un análisis y diagnóstico de los materiales educativos que se utilizan en el centro con la perspectiva de género.
- *Definir* criterios de la institución para la elección de libros de texto y material didáctico no-sexista.
- *Experimentar, sistematizar y plantear* conc lusiones.
- *Elaborar* un proceso de formación permanente del profesorado que permita introducir la perspectiva coeducativa en su práctica docente.

Análisis de la estructura organizativa y funcionamiento institucional.

La consecución de los objetivos planteados en el proyecto coeducativo dependerá, en gran medida, de una buena estructura de la institución que facilite el desarrollo de modelos de organización y gestión adecuados.

El marco de referencia al que deben atenerse todas las instituciones educativas será el señalado en la Ley general de educación, pero teniendo en cuenta a las necesidades y condiciones que exige el modelo educativo.

La diferente educación y socialización que han recibido las mujeres y los hombres ha supuesto que tengan intereses diferentes, ópticas y maneras de organizar distintas, por lo tanto, la ocupación de puestos de responsabilidad y de puestos de poder, deberá responder de manera porcentual y equilibrada a los colectivos que representa de alumnas y alumnos, profesoras y profesores, madres y padres, etc.

Un análisis rápido de la ocupación de los puestos de poder dentro de las estructuras organizativas lleva a observar cómo el ámbito educativo, está fuertemente impregnado de las estructuras sexistas imperantes todavía hoy en la sociedad.

Las mujeres, a pesar de ser el colectivo mayoritario dentro del sistema educativo, carecen en muchos casos de representatividad, dado que en la ocupación de puestos de responsabilidad no llegan a adquirir el porcentaje de representación mínima. Para que un grupo sea significativo, según la sociología, deberá corresponder a un treinta por ciento de representatividad.

El estudio de los complejos sistemas sociales y de las estructuras intelectuales, sociales, culturales y económicas creadas para mantener a las mujeres alejadas de los puestos de responsabilidad y de los espacios donde se toman las decisiones, me ha llevado a iniciar otra línea de investigación, con el fin de descubrir qué elementos operan a través de la educación en las niñas y en la mujeres adultas a través de la educación, mediante los cuales, se consigue que ya desde niñas interioricen que los puestos de poder, de representación y toma de decisiones deben ser ocupados por los niños o por los hombres, de tal manera que muchas de ellas, cuando se les interroga sobre el por qué no acceden a puestos de responsabilidad, responden que no les gusta ocupar esos puestos, o que son incompetentes;... siempre pensando que han tomado decisiones libres sin descubrir, en ningún caso, que existe todo un entramado social y educativo que les dificulta enormemente acceder a esos puestos; desde los modelos que se les presentan, dónde hay una ausencia total de mujeres, hasta la exclusiva responsabilidad de las mujeres en la procreación y crianza de las hijas e hijas y del trabajo doméstico.

Se considera importante mencionar aquí los obstáculos o barreras que un grupo de mujeres profesionales de la enseñanza -algunas ocupaban puestos de responsabilidad -señalaban, después de haber estado reflexionando y debatiendo durante algún tiempo sobre el tema.

La pregunta era: ¿Cuáles son los bloqueos y obstáculos más frecuentes que impiden a las mujeres su promoción profesional?

Después de largas discusiones en grupos, dónde cada mujer hacía explícito los impedimentos con los que ella se había encontrado a lo largo de su carrera profesional, se identificaron diez barreras:

— El concepto que de las mujeres tienen los hombres y la poca importancia que éstos dan al trabajo de las mujeres.

— La falta de autoestima de las mujeres y la culpabilización que éstas tienen porque consideran que están insuficientemente formadas para desempañar los cargos.

— Los condicionamientos sociales (proceso de socialización, deshumanización del puesto de trabajo ...)

— Las formas y los objetivos diferentes de las mujeres: las mujeres buscan resultados para la organización y no para la promoción profesional.

— El protagonismo de los hombres que es superior al de las mujeres.

— Una escala social donde lo que promociona es la competitividad y no la formación ni el trabajo altruista.
— La contradicción de las mujeres que utilizan roles masculinos para defender posturas, en momentos difíciles.
— La necesidad de demostrar continuamente la capacidad profesional.
— Las diferentes formas de comportamiento y actuación de mujeres y hombres.
— Los pactos entre varones para apoyarse, autovalorarse y legitimar su poder.

Estos datos aportan información suficiente para reflexionar sobre qué modelos de poder se desarrollan en las escuelas y qué tipo de estructuras organizativas se configuran.

La definición del modelo educativo a desarrollar y la opción consciente y responsable de planificar la práctica educativa desde una perspectiva no sexista o coeducativa lleva, necesariamente, a transformar la estructura organizativa de la institución educativa, partiendo de una distribución equilibrada por sexos en los órganos de poder, en el reparto de funciones, tareas, etc.

Otro elemento muy importante de tener en cuenta en el análisis de funcionamiento institucional es el *proceso de socialización* del alumnado, en otros términos, el desvelar el currículo oculto de la institución. Para ello, se proponen los siguientes tópicos, sin perder de vista la incidencia positiva o negativa que cada uno tiene en la convivencia diaria de hombres y mujeres:

— Uso del lenguaje.
— Materiales didácticos y libros utilizados. Sus sesgos sexistas.
— Reparto de responsabilidades.
— Distribución del tiempo y el espacio .
— Organos de gestión.
— Distribución del profesorado por sexo, por niveles educativos y/o materias.
— Actitudes de profesoras y profesores.
— Actitudes del profesorado hacia el alumnado y viceversa.

—   Actitudes entre el alumnado.
—   Orientación y promoción profesional.
—   Actividades extraescolares.
—   Asociación de madres y padres. Su composición e influencia.

Otro instrumento importante en la organización escolar es el manual de convivencia al cual se hace referencia a continuación:

MANUAL DE CONVIVENCIA

El manual de convivencia es un documento básico que integra todo el funcionamiento interno de la institución atendiendo a todos los grupos que conforman la comunidad educativa.

Al abordar su elaboración, el análisis desde el paradigma género, permitirá detectar todos los posibles sesgos sexistas que existen en la institución. Siendo coherentes con el proyecto coeducativo se debe crear la estructura necesaria y los pilares básicos que determinen todo el quehacer educativo de la institución educativa en aras a conseguir el desarrollo del modelo educativo integral de persona.

A continuación, se señalan aspectos significativos en cada uno de los elementos del documento y se aportan algunas sugerencias coeducativas.

DE LOS PRINCIPIOS QUE DEBEN INSPIRARLO

El manual de convivencia debe contar con una primera parte introductoria en la que recoja la filosofía básica coeducativa que lo inspira y el marco legal que lo legitima. También se debe considerar el ámbito físico donde se ubican las personas implicadas.

SON PRINCIPIOS GENERALES LOS SIGUIENTES:

—   El derecho de las alumnas y alumnos de recibir una educación integradora que les facilite el desarrollo de las capacidades básicas para adquirir una identidad y autonomía personal que les permita ser independientes y autosuficientes tanto en el ámbito privado y doméstico como en el ámbito público.

— El derecho a recibir y a potenciar un desarrollo integral de las personas superando la jerarquización estereotipada de la construcción socio-cultural de género.

— El desarrollo de la coeducación dentro de un marco de convivencia presidido por valores de tolerancia, participación, ayuda, comprensión y respeto a la diferencia e individualidad personal.

— Asegurar la participación activa de cada una de las personas que componen la comunidad educativa, en aquellas decisiones que les afecten, mediante sus representantes libremente elegidos por los órganos colegiados de control y gestión.

— Organizar un buen orden interno que permita resultados óptimos en la consecución de los objetivos generales de la institución educativa.

— Y otros que la institución considere convenientes.

De la estructura organizativa

Consejo directivo

En las elecciones de representantes al consejo, se deberá potenciar una representación porcentual según los colectivos, alumnas, alumnos, madres, padres, profesoras, profesores, personal no docente.

A continuación se señalan algunas tareas específicas del consejo directivo para el normal desarrollo del Proyecto Educativo:

* *Plantear* la necesidad de adecuar el funcionamiento institucional a las nuevas exigencias de una sociedad pluralista y participativa.

*   *Garantizar* niveles suficientes de información y formación sobre lo que se pretende y cómo se pretende.
*   *Favorecer* el establecimiento de prioridades, dado que no se puede abordar la realización o revisión de todos los planteamientos institucionales al mismo tiempo.
*   *Animar* el intercambio de opiniones y la discusión productiva.
*   *Estimular* la generación de actividades flexibles ante el cambio.
*   *Observar* las situaciones problema y promover la elaboración de planes de acción alternativos. Particularmente, deberá compensar desigualdades como las producidas por el origen, sexo o edad, que a menudo generan conductas estereotipadas.
*   *Dotar* de recursos los proyectos y asegurar su cumplimiento y evolución.
*   *Promover* procesos grupales de auto-revisión/reflexión colaborativa sobre el funcionamiento en y de la escuela.

En cuanto a las competencias del gobierno escolar:

*   *Resolver conflictos e imponer sanciones en materia disciplinaria.* Las agresiones físicas o verbales que se producen en la institución por razón de sexo, así como las sanciones que se impongan deberán constar explícitamente.
*   *Aprobar el presupuesto de la institución.* El presupuesto no debe contemplar ningún gasto en actividades y/o materiales que impliquen algún tipo de discriminación, tanto en su forma como en su uso.
*   *Aprobar y evaluar la programación general de la institución.* El plan anual deberá contemplar objetivos generales y específicos, evaluables que permitan eliminar los estereotipos de género transmitidos en los procesos de enseñanza-aprendizaje.
*   *Elaborar directrices para las actividades complementarias.* Una directriz básica es programar todas las actividades teniendo en cuenta el análisis de género, es decir, potenciando y estimulando aquellas actividades que tiendan a eliminar los estereotipos masculinos y femeninos.

*   *Establecer criterios de participación en actividades culturales.* Los criterios que se establezcan deberán contemplar la participación en aquellas actividades que no manifiesten algún tipo de discriminación y la negativa rotunda de participar en aquellas que sean discriminatorias; es práctica habitual observar como algunas instituciones participan en actividades culturales y/o deportivas sobre todo de carácter competitivo que se realizan sólo para los alumnos

*   *Establecer relaciones con otros centros culturales y educativos.* Se debe establecer como criterio la asunción de situaciones y condiciones de participación no discriminatorias.

*   *Aprobar el reglamento del régimen interior de la institución.* La redacción del reglamento debe cuidar minuciosamente el lenguaje utilizado, mencionando siempre a las alumnas, profesoras y madres. La utilización del lenguaje masculino como «genérico omnicomprensivo» al uso, discrimina por omisión y no expresa con claridad la realidad de las instituciones.

    La asunción de una serie de roles estereotipados en función del género a lo largo de la historia ha hecho que ciertas situaciones de discriminación, se consideren como hechos **«naturales»** por lo que es difícil que se detecten y se establezcan medidas correctoras. Estas posibles situaciones es conveniente ponerlas de manifiesto con el fin de ir eliminándolas poco a poco; por ello, sería procedente explicitar los derechos de alumnas, profesoras y madres.

Para la puesta en marcha de un proyecto coeducativo parece viable, una dirección que recoja los valores que las mujeres reconocen como propios y que, durante mucho tiempo, se han considerado como signos de debilidad.

DE LOS COLECTIVOS DE LA COMUNIDAD EDUCATIVA

Se tratarán separadamente atendiendo los derechos y deberes.

Dirección tradicional	← →	Liderazgo de tipo femenino
Tipo militar	← →	Modelo pedagógico
Impone disciplina	← →	Valora la creativad
Emite órdenes	← →	Actúa como modelo
Manda y controla	← →	Cambio y crecimiento
Exige respeto	← →	Desea saber
Castiga	← →	Premia
Sabe todas las respuestas	← →	Hace preguntas adecuadas
Jerárquico	← →	En red
Rígido	← →	Flexible
Arriba y abajo	← →	Hacia fuera
Poco tiempo para personas	← →	Mucho tiempo para personas
Retiene información	← →	Comparte información
En la cima	← →	En el centro

Gráfico No. 21

Megatrends for women. Patricia Aburdene - John Naisbitt

Derechos de las niñas

* Derecho a que su educación se considere prioritaria, por encima de las necesidades domésticas del núcleo de convivencia en el que se desarrolla.
* Derecho a la ocupación del espacio de clase y recreo en igualdad de condiciones con sus compañeros.
* Derecho a no ser agredida por razón de sexo, ni física ni verbalmente, y a que sea respetada su intimidad en (servicios, vestuarios, etc.).
* Derecho a una información sexual correcta que presente con objetividad todos los modelos sexuales desde una perspectiva de placer. Cuestionamiento del modelo de relación heterosexual actual que se propone a las niñas como único y condicionada a la sexualidad del hombre.
* No identificación de sexualidad con reproducción.
* Derecho a que no se utilice material que contenga mensajes discriminatorias.
* Derecho a que nadie manifieste en la institución actitudes discriminatorias.
* Derecho a expresarse libremente sin que se le impongan o se le prohiban modelos de comportamiento estereotipados.
* Derecho a recibir orientación profesional acorde con sus aptitudes, que previamente han debido ser desarrolladas, atendiendo a sus funciones y capacidades y no a su sexo.

Derecho de las profesoras

* Derecho a ser consideradas profesionalmente con independencia de su sexo, con posibilidad de impartir cualquier curso o materia.
* Derecho a que no se le asigne por razón de sexo determinados cursos o responsabilidades.
* Derecho a no ser agredida física ni verbalmente por razón de sexo.

* Derecho a que nadie manifieste en la institución actitudes discriminatorias.
* Derecho a expresarse libremente en defensa de los derechos de las mujeres.
* Derecho a no participar en actividades colectivas siempre que estas tengan un contenido discriminatorio, tanto en el lenguaje como en las actitudes.
* Derecho a que su participación en los cursos de actualización y formación se produzca en igualdad de condiciones que sus compañeros y que incluso esta participación sea estimulada específicamente en aquellos campos en los que se halle subrepresentada por causas de discriminación histórica.

DERECHOS DE LAS MADRES

* Derecho a que la comunidad escolar no determine su desarrollo integral como persona responsabilizándolas exclusivamente de la educación de sus hijas e hijos y culpándolas en los casos en que el alumnado manifieste problemas de comportamiento, adaptación o rendimiento.
* Derecho a que, en caso de ser trabajadora doméstica no asalariada, figure profesionalmente como tal, en lugar de: no trabaja, sus labores, ama de casa, etc.
* Derecho a que los informes que reciba de la institución no presupongan variables que la culpabilicen en la evolución de sus hijas/os biológicas/os o de adopción.
* Derecho a que no se le asignen tareas o se le pida colaboración o responsabilidad estereotipadas por razón de sexo.
* Derecho a no ser agredida física ni verbalmente por razón de sexo.
* Derecho a que nadie manifieste en la institución actitudes discriminatorias.

En relación con la defensa de los derechos enumerados, el gobierno escolar deberá contar con los medios necesarios para que la violación de alguno de ellos, suponga la aplicación de las sanciones correspondientes.

De los recursos materiales

- Equipamiento y elementos decorativos en los edificios escolares.
- Mobiliario y material.
- Reglamentación técnico-sanitaria de comedores escolares.
- Libros de texto, de consulta, de biblioteca y material didáctico.

Las investigaciones realizadas sobre el sexismo transmitido a través del contenido y de las imágenes en los libros de texto y el material didáctico que se utilizan en las instituciones escolares coinciden en señalar que el lenguaje utilizado en masculino genérico omnicomprensivo, el contenido de los textos y las imágenes representadas, transmiten modelos de mujeres y hombres estereotipados en función de la asignación de los roles que el sistema patriarcal a difundido a lo largo de la historia.

Estos análisis realizados adquieren una importancia especial, sabiendo que este material es el soporte básico con el que cuentan los centros escolares para los procesos de enseñanza-aprendizaje y que este tipo de modelos transmitidos influyen en los procesos cognitivos y en las opciones profesionales que elige el alumnado, limitando significativamente su desarrollo integral como personas.

El material didáctico adquirido ya por la institución, deberá revisarse desde la perspectiva de género; con el fin de desarrollar en el alumnado el análisis crítico sobre el sexismo persistente y la configuración de diferentes estereotipos, asignados a los hombres y a las mujeres.

Para la selección de libros de texto, materiales didácticos, a adquirir y los materiales elaborados en la institución, se deberán definir una serie de criterios teniendo en cuenta los siguientes aspectos:

— El lenguaje escrito, atendido a su morfología; los morfemas utilizados deberán incluir el reconocimiento explícito de los dos sexos; es decir, deben ser neutros y en caso de no ser posibles, mencionar específicamente a los dos sexos.

— En ningún caso se utilizará el masculino con carácter genérico omnicomprensivo para referirse a personas de uno y otro sexo.

— El lenguaje utilizado deberá ser neutro siempre que se trate de colectivos mixtos, utilizando palabras como: gente, criatura, personas, etc. y en el caso de no ser posible mencionando a los dos sexos.

— En cuanto a la semántica, no utilizar términos que en su contenido semántico contengan rasgos discriminatorios por razón de sexo. Utilización crítica del diccionario de la Real Academia.

— En las imágenes de los textos, se debe potenciar el desarrollo de una actitud crítica y no permitir imágenes que discriminen a las mujeres ni que expresen actitudes u opciones profesionales estereotipadas por razón de sexo, procurando que exista una proporción equilibrada de ambos sexos y reproduciendo papeles idénticos; por ejemplo, mujeres y hombres realizando actividades en ámbitos de trabajo remunerado y no remunerado mujeres y hombres en el mundo político, realizando las mismas actividades, en el arte, la literatura, la música, el deporte, las diversiones, el ocio, etc.

En general, se deberá cuidar que las ilustraciones de los textos no representen en ningún caso actitudes, o actividades que impliquen discriminación y jerarquización por razón de género, potenciando el desarrollo diferente y jerarquizado de capacidades, valores y actitudes en el alumnado. *Ver anexo 17*

De los recursos funcionales

- La enseñanza de la religión.
- Los libros de texto y el material didáctico.
- Entrada y salida de las personas de la institución.
- Asistencia del profesorado.
- Asistencia escolar.
- El recreo y su vigilancia.
- Gestión administrativa.

Definición de contenidos

El nuevo enfoque pedagógico que plantea la Ley de educación de tomar como eje central a la persona y su desarrollo integral quiere decir que debemos considerar todas sus capacidades no sólo las de carácter cognitivo. Ello nos lleva a plantearnos tres tipos de contenidos, siendo estos igualmente importantes: —Actitudinales: para aprender a ser. —Procedimentales: para hacer. —Conceptuales: para saber.

Los contenidos actitudinales se deben formular a partir de las definiciones que hemos dado de las capacidades del modelo educativo, sabiendo que esas capacidades se van a desarrollar en el alumnado a partir de una acción conjunta y planificada del profesorado en el desarrollo actitudinal.

El equipo docente de una institución procederá a formular contenidos actitudinales, tomando como marco referencial la definición de cada una de las capacidades del modelo educativo. A partir de aquí, y con un listado de contenidos actitudinales, se procederá a identificar aquellos contenidos actitudinales que mejor desarrollarán las capacidades.

Los siguientes cuadros muestran una ejemplificación:

EMOCIONAL	IDENTIDAD	INTELIGENCIA
* Expresión y manifestación de los deseos y emociones. * Valoración y reconocimiento de situaciones en las que se manifieste ternura.	* Aceptación de sí misma/o. * Asunción de roles no estereotipos por el género.	* Iniciativa en la acción cuando las actividades son individuales o colectivas. * Esfuerzo por vencer las dificultades

VALORACIÓN	EXPRESIÓN	RESPONSABILIDAD
* Análisis de la asunción de los roles * Valoración crítica de su propio trabajo	* Iniciativa, desinhibición en el lenguaje verdad y no verdad * Interés por participar y hacerse entender	* Cooperación con compañeras/os. * Constancia para mantenerse en la actividad.

Una vez terminados los contenidos actitudinales necesarios para un buen desarrollo del modelo educativo, éstos se convertirán en el eje central en torno al que girará toda la actividad docente de la institución; es decir, cada profesor y profesora, mediante los conceptos y procedimientos de su área curricular, trabajará en el desarrollo de esas actitudes en su alumnado con el fin de ir desarrollando progresivamente todas sus capacidades. Por lo tanto, el paso siguiente a la identificación de actitudes en las capacidades es relacionar los contenidos actitudinales con los bloques temáticos de cada área curricular y después formular los procedimientos más adecuados, teniendo en cuenta que los procedimientos son las herramientas con las que cuenta el profesorado para ayudar al alumnado en el desarrollo de sus actitudes y la adquisición de los conceptos.

RELACIÓN DE CONTENIDOS ACTITUDINALES, PROCEDIMENTALES Y CONCEPTUALES

Los siguientes listados sirven para relacionar los contenidos actitudinales, con los procedimentales y de éstos con los conceptuales para cada una de las áreas.

Se puede desarrollar de la siguiente manera:

— Identificar el área. (ciencias, sociales, arte, educ. física).
— En el listado identificar 5 contenidos actitudinales que más se relacionen con el área mencionada.
— Identificar 5 contenidos procedimentales del listado que más se relacionen con los 5 contenidos actitudinales identificados en el paso anterior.
— Identificar 5 contenidos conceptuales que más se relacionen con los procedimentales elegidos anteriormente.
— Los contenidos conceptuales identificados serán los que orientan la acción del área.

Los listados pueden ser completados; los aquí presentados son sólo una posibilidad.
Se procede en igual forma para cada una de las áreas.

CONTENIDOS ACTITUDINALES

* Aceptación de sí misma/o.
* Gusto y satisfacción por las actividades individuales y colectivas.
* Interés por participar y hacerse entender.
* Expresión y manifestación de los deseos y emociones.

* Iniciativa y desinhibición en el lenguaje verbal y no verbal.
* Deseo y curiosidad de saber
* Esfuerzo por vencer las dificultades motrices, cognitivas, afectivas.
* Aceptación de los acuerdos tomados.
* Respeto al turno de palabra, a las intervenciones e ideas de compañeras/os o de otras personas.
* Cooperación con compañeras y compañeros en la realización de actividades colectivas.
* Iniciativa en la acción cuando las actividades son libres o propuestas.
* Constancia para mantenerse en la actividad.
* Interés por las nuevas informaciones.
* Valoración de los elementos del marco natural necesarios para la vida.
* Interés por los resultados de las experiencias de sus compañeras y compañeros.
* Valoración crítica de su propio trabajo.
* Consideración del error como estímulo y elemento informativo para avanzar en los aprendizajes.
* Respeto por las normas de la institución.
* Valoración del propio esfuerzo.
* Presentación correcta del trabajo.
* Atención a las indicaciones que hace la profesora o el profesor.
* Valoración y reflexión sobre el rol que se juega en la clase.
* Espíritu crítico en la reflexión sobre el tipo de juegos de niñas y niños.
* Colaboración en la organización de la clase.
* Planificación del trabajo.
* Interés por el intercambio de opiniones e informaciones con las compañeras, compañeros, la maestra o el maestro.
* Autovaloración en la corrección.
* Apreciación en la vida cotidiana, de los aspectos relevantes y significativos.

* Interés por obtener información del propio cuerpo.
* Valoración del propio cuerpo y del cuerpo de las otras personas.
* Motivación de actitudes no-sexistas en el desempeño de los diferentes roles.
* Interés por nuevas opciones profesionales no estereotipadas por razón de sexo.
* Análisis del desempeño de roles.
* Análisis crítico de la jerarquización de género en la construcción de la persona.
* Adquisición de actitudes no-sexistas.

Contenidos procedimentales

* Análisis de los prejuicios sexistas en los esquemas conceptuales previos.
* Interpretación y producción de órdenes, relatos, explicaciones y argumentaciones.
* Producción oral o escrita de estructuras de tipología diversa: conversación, narración, argumentación, exposición, dramatización.
* Interpretación de la información dada por la maestra o el maestro.
* Interpretación de información obtenida a través de los medios de comunicación.
* Observación y exploración táctil y visual según las propias necesidades y posibilidades.
* Imitación y/o simbolización de las actividades domésticas a partir de la propia experiencia.
* Observación y exploración directa o indirecta en interaccicon el medio.
* Desempeño del rol en interacción con sus compañeras y compañeros.
* Aplicación de nociones relacionadas con el dominio y ocupación del espacio.

*   Coordinación dinámica de diferentes segmentos corporales.
*   Control postural estático y dinámico.
*   Observación de las características morfológicas y funcionales de personajes a partir de materiales gráficos e iconográficos.
*   Expresión de la opinión personal sobre una lectura.
*   Búsqueda de información a partir de preguntas cerradas o abiertas.
*   Elaboración de trabajos individuales o colectivos a partir de la lectura de un libro.
*   Observación y ejecución de los pasos que forman parte de una danza.
*   Aceptación del movimiento al espacio a partir de melodías en diferentes compases.
*   Representación iconográfica de la dinámica socio-histórica femenina.
*   Uso de un lenguaje oral y escrito, no-sexista. Detección de sesgos sexistas en la construcción socio-histórica de la humanidad.
*   Reconstrucción no-androcéntrica de los procesos históricos.
*   Representación de roles no-estereotipados en diferentes situaciones: familia, escuela, barrio..., con personajes no-estereotipados según el sexo.
*   Familiarización con personajes que desempeñen roles diferentes con independencia del sexo al que pertenezcan.
*   Métodos de análisis de las estructuras sociales desde la categoría de género.
*   Análisis de los condicionantes de género en la construcción de la persona.
*   Identificación de las capacidades y valores de una persona desarrollada integralmente.

Contenidos conceptuales

*   Las mujeres en la historia: ausencia, presencia y protagonismo.
*   La reconstrucción no-androcéntrica de las ciencias sociales y de las humanidades: nuevos marcos conceptuales.
*   Las mujeres en la ciencia, arte, literatura y política.
*   La construcción socio-histórica del sistema de género.
*   Reconstrucción no-sexista del concepto de trabajo.
*   Estrategias de resistencia femenina: el feminismo como movimiento social.
*   Ciudadanía y derechos de las mujeres.
*   Características de los roles no-sexistas.
*   Reconceptualización del trabajo de las mujeres.
*   La división sexual del trabajo.
*   La jerarquización de las estructuras sociales por razón del sexo.
*   Segmentación ocupacional y modelos igualitarios.
*   Factores que influyen en las diferentes situaciones comunicativas.
*   Lenguaje de la imagen.
*   El cuerpo humano.
*   El espacio del ámbito doméstico (ocupación de los diferentes espacios, distribución de tareas, etc.)
*   El ritmo y la danza como medio de representación vivencial.
*   Noción de una muestra de investigación. La encuesta.
*   El significado de las palabras dentro de un contexto: frases hechas, sinónimos, antónimos.

CAPÍTULO 6

FASES EN LA
ELABORACIÓN DEL PROYECTO

La elaboración de un proyecto coeducativo institucional se debe entender como un proceso a seguir por la comunidad escolar y con implicación de los diferentes agentes educativos que la componen.

Introducir la perspectiva coeducativa en el proyecto institucional implica, la reflexión individual y colectiva sobre el tipo de educación que queremos desarrollar y el acuerdo de los distintos grupos, con el fin de poner de manifiesto nuestras concepciones más profundas y por consiguiente hacer explícito el currículum oculto. Para ello, es necesario definir un proceso que incluya los momentos y los aspectos más relevantes de reflexión conjunta.

Para orientar, podemos señalar una serie de pasos a seguir a la hora de abordar el proyecto:

A)   Considerar una serie de elementos previos:

—   La planificación del proyecto a largo plazo.

Para ello es necesario definir metas a corto plazo que nos faciliten la consecución de objetivos.

—   Nivel del proceso de formación - reflexión de cada uno de los agentes educativos.

Estos procesos de reflexión requieren tiempo, que es conveniente respetar para poder llegar a buen puerto con nuestros objetivos.

—   Considerar la posición de cada profesional o cada agente no significa parar o retardar el proceso, sino mas bien hacerlo más eficaz, permitiendo actuaciones diferenciadas según proceso y facilitar la interrelación que lleve al acuerdo y no a la ruptura.

—   Diseñar procedimientos o métodos de actuación a seguir, teniendo en cuenta a los grupos y la responsabilidad educativa de cada uno de ellos. No tienen el mismo nivel de implicación el profesorado que las madres y los padres o el alumnado.

Por ello, tanto las estrategias de intervención como la metodología en el proceso de formación-reflexión debe ser diferente.

—   Conocer la dinámica y funcionamiento de la institución y del consejo directivo.

El centro educativo no debe estar cerrado a su entorno, sino que debe ser permeable al cambio social, la escuela debe ser flexible y colaborar en la transformación de la sociedad.

B)   Identificación de dificultades:

El estudio de las dificultades existentes tanto a nivel personal como a nivel institucional, constituirá un paso previo a la elaboración del proyecto coeducativo, facilitando la adecuación del mismo a la realidad escolar en su conjunto y el reconocimiento de con qué recursos materiales y humanos contamos.

Las dificultades más generalizables recogidas en diferentes centros educativos son las siguientes:

— Falta de reflexión y de formación en coeducación.

— El peso de una educación androcéntrica.

— Falta de tiempo, cansancio, desánimo.

A NIVEL PERSONAL

* Inseguridad en las propias capacidades y miedo a los propios conflictos afectivos y cognitivos.

* Incoherencias internas.

* Falta de base teórica de imaginación y de capacidad crítica.

* Dificultad de llevar a cabo un proyecto que cuestione los valores colectivos sociales en auge.

* No saber el grado de implicación que conlleva.

* Capacidad limitada para incidir en la institución con un proyecto coeducativo.

* Falta de sensibilización, implicación, información y tiempo de dedicación.

* Presión del modelo masculino y andocéntrico educativo.

* Falta de coordinación, de debate, de toma de decisiones y acuerdos.

* Falta de asunción del tema: rechazo, desinterés, actitudes agresivas y/o descalificaciones personales.

A NIVEL DE INSTITUCIÓN

* Presión social: padres, madres, alumnado, etc..

* Resistencia al cambio por las implicaciones personales que supone.

* Se ve la coeducación como un añadido molesto en el proceso educativo.

* La hetereogeneidad de los colectivos implicados.

* Falta de modelos, de recursos humanos y materiales para llevar a cabo el proyecto.

* La estructura patriarcal y sexista.

* Oferta insuficiente de formación del profesorado en coeducación.

* Falta de interés real y voluntad política.

* Las instituciones consideran la coeducación como algo complementario y testimonial.

* Falta de planificación.

A nivel de entorno Institucional

* Falta de sensibilización de las autoridades educativas sobre el tema.

* Ausencia de una planificación clara y una decisión por una educación no-sexista y coeducativa.

* Hipocresía manifiesta de las personas responsables de la educación; existe un reconocimiento formal pero no real del tema.

* Desajuste entre la finalidad educativa de la institución y la puesta en práctica de los medios o procedimientos para lograr los fines educativos.

* Escasez de recursos materiales y humanos.

C) Propuestas alternativas a las dificultades según los ámbitos señalados.

En el ámbito personal

* Formación y reflexión en coeducación.

* Implicación y compromiso.

* Valorar la necesidad de intervenir en este campo y priorizarlo sobre otras obligaciones laborales.

* Búsqueda de estrategias adecuadas para intervenir.

* Analizar nuestras percepciones mentales.

* Coherencia, puesta en acción, diálogo y puesta en común.

* Intervención planificada, con objetivos realistas.

En el ámbito de Institución

* Formación del equipo docente y del resto de la comunidad educativa.

* Crear un departamento de coeducación que organice, planifique y revise las actividades a realizar.

* Implicación de todos los agentes educativos.

* Que exista una persona responsable del tema con suficiente formación para dinamizar.

* Elección de equipos directivos sensibilizados en el tema.

* Planificar una intervención adecuada a corto, medio y largo plazo.

En el entorno Institucional

* Sensibilización y formación de todas las personas que ocupan cargos de responsabilidad educativa.

* Ampliación de la oferta de formación en coeducación.

* Dotación a los centros de recursos materiales y humanos para llevar a cabo proyectos coeducativos.

* Implicación en el tema de las personas con responsabilidades educativas.

* Elaboración de propuestas curriculares coeducativas.

* Planificar la formación permanente del profesorado desde una perspectiva coeducativa.

D) Definición de los principios básicos coeducativos que deben inspirar el proyecto:

— Criterios.

— Intenciones.

— Modelo educativo.

— Objetivo fundamental de la enseñanza-aprendizaje.

— Objetivos a corto, medio y largo plazo.

— Finalidad.

— Bases para la elaboración y difusión del proyecto co-educativo.

— Formas de organización y coordinación.

— Criterios y pautas para la evaluación.

E) Análisis y sistematización del proceso:

— Instrumentos utilizados.

— Materiales utilizados.

— Conclusiones de los grupos.

— Informes.

—   Otros.

F)   Definir los fines y objetivos a conseguir.

G)   Establecer la metodología adecuada y planes de acción.

H)   Realizar o diseñar una evaluación formativa de los resultados.

I)   Elaboración de un documento que establezca las puatas de un proyecto coeducativo de la institución.

Contenido

*   Recoger los aspectos generales y concluyentes.

*   Formulación de acciones positivas que mejoren la calidad del proceso educativo para todas las personas.

*   Resaltar la necesidad de la coordinación, comunicación y colaboración de toda la comunidad educativa.

*   Confianza y optimismo. Creer en lo que se hace.

*   No olvidar que las primeras personas destinatarias son las alumnas y los alumnos.

Metodología

Para que toda la comunidad educativa se sienta implicada es necesario hacer participes a los distintos estamentos del trabajo desarrollado, recoger sugerencias y acuerdos de todas las partes e intentar establecer prioridades.

Los ejes fundamentales en torno a los que girará el proyecto coeducativo son:

— *El profesorado,* como agente de primer orden en el proceso de enseñanza-aprendizaje.

— *El alumnado* como fin último de toda actividad educativa.

La metodología a utilizar debe ser múltiple, integrando diferentes procedimientos: **conceptuales, experimentales, actitudinales,** etc.

Fundamentalmente, la metodología será de carácter activo y participativo, basada en el método de reflexión-acción (planificar-realizar-evaluar y volver de nuevo a planificar) en forma de espiral, ascendiendo hacia el objetivo.

Toda acción de intervención coeducativa deberá ir precedida de acuerdos mínimos, aceptados por todo el equipo, que permitan ir avanzando y creando unas relaciones de confianza que lo cohesionen.

PLAN DE ACCIÓN

Se elaborará una vez realizado el análisis y diagnóstico de los grupos comprometidos, teniendo en cuenta:

* Características generales, naturaleza y justificación.

* Objetivos del proyecto.

* Contenido de las actividades y de la metodología a seguir.

* Recursos humanos y materiales necesarios para llevar a cabo las actividades.

* Criterios de evaluación.

* Temporalización del proyecto.

* Presupuesto.

* Otros.

FINALIDAD

* Asumir por parte de toda la comunidad educativa la coeducación.

EVALUACIÓN DEL PROCESO

Teniendo en cuenta el carácter experimental que todavía tienen hoy los proyectos coeducativos, la evaluación deberá jugar un papel importante y ser fundamentalmente formativa y continua, de forma que los datos obtenidos contribuyan a la toma de decisiones. Por otra parte, conllevará acciones sistemáticas correctamente planificadas, en respuesta a necesidades de sistemas o procesos sociales *complejos, multifacéticos y dinámicos.*

Siendo coherente con el planteamiento inicial, la evaluación de las diferentes fases debe ser, en lo posible, integrada y no limitarse a efectos o resultados del proceso. Por ello, debe tener en cuenta los recursos con los que se realizan, los contextos en que se sitúan, los significados y objetivos que tienen y las estructuras y dinamización que permiten la transformación de los recursos materiales y del esfuerzo humano en efectos y resultados educativos variables y de retroalimentación al proceso.

106

Aspectos a tener en cuenta en la evaluación

*   Grado de consecución de los objetivos.
*   Nivel de participación del profesorado.
*   Adecuación de las propuestas de formación a los perfiles profesionales en los que se pretende capacitar a las personas participantes.
*   Coordinación y coherencia del proceso.
*   Incidencia en el aula.
*   Difusión de los resultados.

Diseño de un proceso de evaluación

La evaluación es un factor fundamental en el desarrollo del Proyecto Educativo Institucional y ha de ser fundamentalmente formativa y continua, de tal manera que los datos obtenidos contribuyan a la toma de decisiones.

La evaluación en sus diferentes fases debe ser, en lo posible, integrada y no limitarse a efectos o resultados del proceso. Debe aportar información relevante que permita tomar decisiones pedagógicas, didácticas y organizativas adecuadas, facilitando la consecución de los objetivos planteados.

Los elementos a considerar en la evaluación de un proyecto educativo pueden ser, entre otros:

1. Elementos del modelo educativo, su pertinencia y aportes educativos.
2. Finalidad de la evaluación
3. Qué evaluar:

    *   Criterios (conjunto de condiciones en que se espera se manifieste una conducta determinada).
    *   Indicadores (elemento que permite conocer la calidad de un programa).
    *   Consecución de objetivos.

4.   Técnicas con qué evaluar:

*   Observación.
*   Control de documentación.
*   Grupo nominal
*   Otras

Instrumentos:

*   Cuestionarios
*   Diarios
*   Tests
*   Entrevistas
*   Encuestas
*   Escalas
*   Memorias
*   Informes
*   Otros

5.   Interpretación de datos. Elaboración de conclusiones

6.   Modificaciones y cambios, se realizan a partir de los datos de la evaluación. Ellos pueden ser:

*   Reformulación de objetivos.
*   Reconducción de procesos.

Aspectos a considerar para la evaluación del proyecto coeducativo institucional.

-    El análisis previo del sexismo en la institución.
-    Identificación de dificultades.
-    Definición de fines y de objetivos coeducativos.
-    El crecimiento integral de cada alumna o alumno.
-    El nivel de desarrollo de las capacidades en el alumnado.

- El grado de adquisición de valores personales.
- Reparto proporcional de mujeres y hombres en los cargos directivos y puestos de responsabilidad.
- La adecuación del reglamento de organización y funcionamiento institucional al proyecto coeducativo.
- La utilización del lenguaje tanto oral como escrito.
- La ocupación de los espacios.
- La participación en el proceso de los tres agentes educativos prioritarios: profesorado, alumnado y madres - padres.
- La satisfacción personal.
- La adecuación de las estrategias de intervención.
- La elección de opciones metodológicas adecuadas.
- La interacción profesorado entre sí, alumnado entre sí y alumnado - profesorado, con la variable de sexo.

EVALUACIÓN DE INSTITUCIONES QUE HAN SEGUIDO EL MODELO PLANTEADO

Para realizar la evaluación de aquellos centros educativos, que han comenzado el proceso de elaboración de sus proyectos según el modelo aquí planteado y que ha servido como base investigadora de este libro, he utilizado la técnica de «Grupo nominal», que consiste en lo siguiente: se organizan grupos de cuatro o cinco personas y cada una, debe escribir en un papel el aspecto que más le ha interesado y que más aplicabilidad tiene en su trabajo. A continuación, se escriben todas las respuestas en un papel continuo grande y se procede a valorar cada respuesta en una escala de uno a cinco puntos. Se hace el recuento y las respuestas de cada grupo que han conseguido mayor puntuación se escriben en un nuevo papel.

A continuación, señalo los aspectos que más han interesado al profesorado y que más aplicables ven, tanto en la elaboración del Proyecto Educativo y curricular como en su actividad docente.

— Es una propuesta concreta para elaborar el Proyecto Educativo Institucional a partir de los valores.
— Facilita el diseño de los tres tipos de contenido, partiendo de capacidades y valores básicos.
— La importancia de los valores en la educación y su influencia en el proceso de enseñanza-aprendizaje.
— La relación estrecha entre el desarrollo de las capacidades y los valores que se le asignan.
— Considerar a la coeducación como el eje para la elaboración del Proyecto Educativo Institucional.

Anexos

Cuestionario

Valores/Ámbitos

Pon una X donde corresponda:

Nivel

Mujer
Hombre

Preescolar
Primaria
Secundaria

1. Jerarquiza en orden de prioridad los valores.
2. Relaciona los valores con los ámbitos según lo que tu consideras:

Valores

Ámbitos

Autoridad
Decisión
Libertad
Protagonismo
Felicidad
Autovaloración   *Privado / Doméstico*
Riesgo
Iniciativa
Originalidad
Disfrute
Singularidad
Valor
Autosuficiencia   *Público*
Firmeza
Emancipación
Bondad
Prudencia
Orden
Equilibrio
Soberanía

Cuestionario

Valores/Capacidades

Pon una X donde corresponda:

Nivel

Mujer   Preescolar
Hombre   Primaria
                                 Secundaria

1.   Jerarquiza en orden de prioridad los valores.
2.   Relaciona los valores con las capacidades.

Valores	Capacidades
Autoridad	
Decisión	
Libertad	*Autoestima*
Protagonismo	
Felicidad	
Autovaloración	
Riesgo	*Afirmación del yo*
Iniciativa	
Originalidad	
Disfrute	
Singularidad	*Seguridad*
Valor	
Autosuficiencia	
Firmeza	
Emancipación	*Independencia*
Bondad	
Prudencia	
Orden	*Autonomía*
Equilibrio	
Soberanía	

Cuestionario

Valores/Ámbitos

Pon una X donde corresponda:

Nivel

Mujer	Preescolar
Hombre	Primaria
	Secundaria

1.   Jerarquiza en orden de prioridad los valores.
2.   Relaciona los valores con los ámbitos

Valores   Ámbitos

Amistad
Eficiencia
Objetividad
Estabilidad
Justicia
Simpatía   *Privado/doméstico*
Sabiduría
Subjetividad
Placer
Crítica
Satisfacción
Creatividad   *Público*
Auto-observación
Pasión
Síntesis
Cariño
Flexibilidad
Curiosidad
Sentimiento
Abstracción

CUESTIONARIO

VALORES/CAPACIDADES

Pon una X donde corresponda:

NIVEL

Mujer — Preescolar
Hombre — Primaria
— Secundaria

1. Jerarquiza en orden de prioridad los valores.
2. Relaciona los valores con las capacidades.

VALORES	CAPACIDADES
Amistad	
Eficiencia	
Objetividad	*Inteligencia*
Estabilidad	
Justicia	
Simpatía	
Sabiduría	*Afectividad*
Subjetividad	
Placer	
Crítica	
Satisfacción	*Observación*
Creatividad	
Auto-observación	
Pasión	*Emocionalidad*
Síntesis	
Cariño	
Flexibilidad	
Curiosidad	*Racionalidad*
Sentimiento	
Abstracción	

CUESTIONARIO

VALORES/ÁMBITOS

Pon una X donde corresponda:

NIVEL

Mujer   Preescolar
Hombre   Primaria
                          Secundaria

1. Jerarquiza en orden de prioridad los valores.
2. Relaciona los valores con los ámbitos

VALORES   ## ÁMBITOS

Sinceridad
Voluntad
Actividad
Compromiso
Consideración   *Privado/doméstico*
Honestidad
Serenidad
Habilidad
Confianza
Comprensión
Entrega
Fuerza   *Público*
Espontaneidad
Dedicación
Tolerancia
Generosidad
Ambición
Dinamismo
Constancia
Ayuda

CUESTIONARIO

VALORES/CAPACIDADES

Pon una X donde corresponda:

NIVEL

Mujer   Preescolar
Hombre   Primaria
                    Secundaria

1. Jerarquiza en orden de prioridad los valores.
2. Relaciona los valores con las capacidades.

VALORES	CAPACIDADES
Sinceridad	
Voluntad	*Vitalidad*
Compromiso	
Consideración	
Honestidad	*Fortaleza*
Serenidad	
Habilidad	
Confianza	
Comprensión	*Responsabilidad*
Entrega	
Fuerza	
Espontaneidad	
Dedicación	*Desprendimiento*
Tolerancia	
Generosidad	
Ambición	
Dinamismo	*Solidaridad*
Constancia	
Ayuda	

CUESTIONARIO

VALORES/ÁMBITOS

Pon una X donde corresponda:

NIVEL

Mujer   Preescolar
Hombre   Primaria
                Secundaria

1.   Jerarquiza en orden de prioridad los valores.
2.   Relaciona los valores con los ámbitos

VALORES   ÁMBITOS

Amor
Intuición
Discernimiento
Dignidad
Belleza
Respeto
Extroversión   *Privado/doméstico*
Crítica
Humor
Deseo
Delicadeza
Comunicación
Sentido común
Integridad   *Público*
Ternura
Discreción
Corporeidad
Análisis
Juicio

Cuestionario

Valores/Capacidades

Pon una X donde corresponda:

Nivel

Mujer   Preescolar
Hombre   Primaria
                             Secundaria

1. Jerarquiza en orden de prioridad los valores.
2. Relaciona los valores con las capacidades.

Valores   Capacidades

Valores	Capacidades
Amor	
Intuición	
Introversión	*Sexualidad*
Discernimiento	
Dignidad	
Belleza	*Sensibilidad*
Respeto	
Extroversión	
Crítica	
Humor	*Expresión*
Deseo	
Delicadeza	
Comunicación	
Sentido común	*Valoración*
Integridad	
Ternura	
Discreción	
Corporeidad	*Identidad*
Análisis	
Juicio	

CUESTIONARIO

CAPACIDADES/ÁMBITO DE LA PERSONA

Pon una X donde corresponda:

NIVEL

Mujer   Preescolar
Hombre   Primaria
                   Secundaria

1.   Jerarquiza en orden de prioridad los valores.
2.   Relaciona las capacidades con los ámbitos de la persona

CAPACIDADES   ÁMBITOS DE LA PERSONA

Autoestima
Afirmación del yo
Seguridad
Independencia
Autonomía
Inteligencia   *Afectivo*
Afectividad
Observación
Emocionalidad
Racionalidad
Vitalidad
Fortaleza
Responsabilidad
Desprendimiento   *Cognitivo*
Solidaridad
Sexualidad
Sensibilidad
Expresión
Valoración
Identidad

CUESTIONARIO

CAPACIDADES/ÁREAS CURRICULARES

Pon una X donde corresponda:

NIVEL

Mujer		Preescolar
Hombre	**Nivel**	Primaria
		Secundaria

1. Jerarquiza en orden de prioridad los valores.
2. Relaciona las capacidades con la áreas curriculares.

CAPACIDADES	ÁREAS CURRICULARES
Autoestima	*Ciencias de la naturaleza*
Afirmación del yo	
Seguridad	*Matemáticas*
Independencia	
Autonomía	*Música*
Inteligencia	
Afectividad	*Tecnología*
Observación	
Emocionalidad	*Lenguas extranjeras*
Racionalidad	
Vitalidad	*Educación física*
Fortaleza	
Responsabilidad	*Lengua y literatura*
Desprendimiento	
Solidaridad	*Expresión visual y plástica*
Sexualidad	
Sensibilidad	*Geografía, historia y*
Expresión	*ciencias sociales*
Valoración	
Identidad	*Filososfía*

Cuestionario

Atributos

Pon una X donde corresponda:

Nivel

Mujer   Preescolar
Hombre   Primaria
                   Secundaria

2. Relaciona estos atributos con tu concepto de:
hombre, mujer, persona.

Atributos
Sabiduría
Belleza
Riqueza
Amabilidad
Humildad
Hermosura   *Concepto de hombre*
Piedad
Temor
Belleza
Cultura
Valor
Justicia
Firmeza
Serenidad
Gracia
Sumisión   *Concepto de mujer*
Pobreza
Modestia
Laboriosidad
Orden
Previsión
Ternura
Virtuosidad
Abnegación
Acatamiento
Bondad   *Concepto de persona*
Generosidad
Decoro
Cortesía
Discreción
Curiosidad.

CUESTIONARIO

VALORES/ÁMBITOS

Pon una X donde corresponda:

NIVEL

Mujer	Preescolar
Hombre	Primaria
	Secundaria

1. Jeraquiza y enumera los atributos que tú consideres más importantes.

ATRIBUTOS
Belleza
Riqueza
Amabilidad
Humildad
Hermosura
Temor
Piedad
Belleza
Cultura
Valor
Justicia
Firmeza
Serenidad
Gracia
Sumisión
Pobreza
Modestia
Laboriosidad
Orden
Previsión
Ternura
Virtuosidad Abnegación
Acatamiento
Bondad
Generosidad
Decoro
Prudencia
Cortesía
Discreción
Curiosidad
Sabiduría

Cuestionario

Cuestionario

Pon una X donde corresponda:

Nivel

Mujer   Preescolar
Hombre   Primaria
                                   Secundaria

1. De las siguientes capacidades, cuáles consideras te ha desarrollado el sistema educativo y cuáles has autodesarrollado

Capacidades	Desarrolladas a través del Sistema Educativo			Autodesarrolladas		
	Mujer	Hombre	Indis. del sexo	Mujer	Hombre	Indis. del sexo
Emocional						
Inteligencia						
Solidaridad						
Fortaleza						
Vitalidad						
Afectividad						
Valoración						
Identidad						
Seguridad						
Racionalidad						
Expresión						
Responsabilidad						
Sexual						
Independencia						
Autonomía						
Observación						
Autoestima						
Síntesis						
Crítica						
Iniciativa						

Cuestionario

Cuestionario

Pon una X donde corresponda:

Nivel

Mujer   Preescolar

Hombre   Primaria

                                       Secundaria

1. De las siguientes capacidades, cuáles consideras te ha desarrollado el sistema educativo y cuáles has autodesarrollado

Capacidades	Desarrolladas a través del Sistema Educativo			Autodesarrolladas		
	Mujer	Hombre	Indist. del sexo	Mujer	Hombre	Indist. del sexo
Creatividad						
Miedo						
Docilidad						
Liderazgo						
Impetuosidad						
Dependencia						
Respeto						
Eficiencia						
Valentía						
Incoherencia						
Independencia						
Franqueza						
Frivolidad						
Dinamismo						
Pasividad						
Sumisión						
Agresividad						
Debilidad						
Subjetividad						
Autocontrol						
Intuición						
Objetividad						
Autoridad						
Síntesis						
Competitividad						
Confianza						
Análisis						
Crítica						
Libertad						
Iniciativa						
Protagonismo						

Cuestionario

Cuestionario

Pon una X donde corresponda:

Nivel

Mujer   Preescolar
Hombre   Primaria
                                                Secundaria

1. Qué capacidades y valores consideras que formarían parte de un desarrollo integral de la persona.

2. Haz una enumeración, jerarquizando.

Valores	Capacidades
1	1
2	2
3	3
4	5
6	6
7	7
8	8
9	9
10	10

CUESTIONARIO

FICHA DE REVISIÓN Y ANÁLISIS DE MATERIALES CURRICULARES DESDE UNA ÓPTICA COEDUCATIVA

TÍTULO: ____

AUTORAS/ES: _________________________ EDITORIAL: ___________

NIVEL/ES: _______ CAPÍT.: ______ PÁG.: _________ UNI. DIDÁCT.: _________

	PERSONAJE FEMENINO	PERSONAJE MASCULINO
1. PRESENCIA - N° de personajes - N° de nombres en masculino que pueden sustituirse por un neutro o femenino que incluya a ambos sexos.		
2. PROTAGONISMO - Aparecen con nombre propio - Protagonista principal - Inicia conversación o acción - N° de intervenciones en los diálogos		
3. ESPACIO Espacio público - En lugares de trabajo asalariado - En actos y espacios públicos Espacio privado - En casa, tienda, barrio... - En entorno cerrado/ familiar		
4. PROFESIONES - En trabajo remunerado. N° de profesiones - Personas citadas/ presentadas por lo que son profesionalmente - Realizando trabajo intelectual - Ejerciendo puestos de gran responsabilidad profesional		

- Presentados como superiores con
  subordinados de otro sexo
- En profesiones distintas a las que
  tradicionalmente se asignan a su género
  (ingeniería/enfermero)

5. OCIO
- Practicando deportes
- Actividades recreativas que implican
  movimiento, acción o relación social
- Personajes adultos en actividades de ocio

6. ACTIVIDADES DOMÉSTICAS
   Ejecutando actividades fundamentales
   (no de colaboración o ayuda) para el
   mantenimiento de la casa y familia
- Cuidando personas ancianas enfermas ...
- Ayudando a otros miembros de la familia

7. STATUS FAMILIAR
- Figura familiar con autoridad,
  con mayor prestigio o importancia.

8. APORTACIONES REALIZADAS
   AL DESARROLLO DE
   LA HUMANIDAD
- En la reproducción humana
- En el campo científico económico
  cultural social...

9. TRATAMIENTO DEL CUERPO
- Presencia del cuerpo
- Funciones que se le asignan
- Partes destacadas, postura e imagen

10. VALORES
- Hacer un listado de los valores
  que desarrollan

11. EXPECTATIVAS
- Hacer un listado de adjetivos que se adjudican
- Idem de verhos

OBSERVACIONES:

____

____

____

____

____

____

CONCLUSIONES:

Aspectos más coeducativos:

____

____

____

Aspectos menos coeducativos:

____

____

____

Valoración global:

1.- Muy negativo negativo. (No utilizable)

2.- Poco adecuado. (No recomendable)

:3.- Bastante adecuado (utilizable corrigiendo los estereotipos que contiene)

GLOSARIO

Análisis de género: Paradigma que permite develar los prejuicios sexistas existentes en los esquemas conceptuales o en cualquier otra materia objeto de estudio.

Concepto: Idea que conforma el entendimiento a partir de la experiencia y del contexto social.

Contaminación sexista: Consiste en la alteración del significado de un concepto, debido a la influencia de otro de carácter sexista que pervierte las concepciones mentales y genera una visión del mundo sesgada.

Esquema conceptual: Representación simbólica y gráfica de los conceptos atendiendo a sus caracteres más significativos; pone de manifiesto los prejuicios que inciden en nuestras concepciones más profundas.

Mapa conceptual: Gráfico que engloba varios esquemas conceptuales y permite visualizar las relaciones entre los conceptos, poniendo de manifiesto los sesgos sexistas que se generan.

Metaconcepto: La definición macro del concepto donde están incluidos el significado, la idea, el símbolo, las representaciones mentales y las relaciones que establecen los conceptos entre sí.

Paradigma: "Realizaciones científicas, universalmente reconocidas que durante cierto tiempo proporcionan modelos de problemas y soluciones a una comunidad científica". (*)
Patrón o modo de ver y juzgar las cosas.
Conjunto de creencias y preconceptos compartidos por una comunidad.

Prejuicios sexistas: Formulación de juicios de valor sobre las personas, objetos y conceptos a partir e la jerarquización discriminatoria del género (ej. débil: mujer, fuerte: hombre). Consiste en asociar ciertos roles y/o comportamientos a hombres o mujeres en función de sus características biológicas.

Sexismo: Supremacía de un sexo sobre otro. Históricamente lo han ejercido, de manera hegemónica, los hombres sobre las mujeres apoyándose en la construcción social del género.

(*)   KUHN, THOMAS S. "Estructura de las revoluciones científicas". Fondo de Cultura Económica. México, D.F.: 1983.